es 1377
edition suhrkamp
Neue Folge Band 377

Manfred Frank hat in seinen Tübinger Ernst-Bloch-Vorlesungen »Individualität« zu seinem Thema gemacht: Ist das Individuum theoretisch am Ende, ebenso wie seine Existenz in der Realität bedroht ist? Eine erste Antwort auf diese Frage muß bejahend sein. Die Philosophie selbst begegnet, seit ihren antiken Anfängen, zahlreichen Wortverbindungen, in denen Elemente aus der semantischen Sphäre der Eigenheit-Einzelnheit vorkommen, mit Skepsis oder offener Verachtung. Die nicht-philosophischen Wissensformen sind ihrerseits keineswegs individualitätsfreundlicher.

Der Gedanke der Wissenschaft verlangt vielmehr aus strikt methodologischen Gründen den Ausschluß des Individuellen. Bei genauerer Betrachtung erweist sich jedoch, daß eine positive Antwort auf die eingangs gestellte Frage voreilig ist. Unter »Individuum« und »Individualität« ist zu verschiedenen Zeiten der Evolution der europäischen Intelligenz nicht dasselbe verstanden worden. Und nicht einmal für das auf das magische Jahr 1775 datierte Aufblühen des »Individualismus«, der im nachhinein mit dem »bürgerlichen Individualismus« identifiziert worden ist, ist die semantische Einheit des Terms gesichert. Die Frage läßt sich also nur entscheiden auf der Grundlage einer geduldigen Rekonstruktionsarbeit. Sie unternimmt Manfred Frank im vorliegenden Band. Er beginnt »ab ovo«: Welches sind die Beziehungen, die die Begriffe Subjekt und Individuum in der neueren philosophischen Diskussion zueinander unterhalten? Wie verhalten sich beide zum Begriff der Person, welches ist die ihr eigene Identität oder Nicht-Identität?

Manfred Frank

Die Unhintergehbarkeit von Individualität

Reflexionen über Subjekt,
Person und Individuum aus Anlaß ihrer
›postmodernen‹ Toterklärung

Suhrkamp

edition suhrkamp 1377
Neue Folge Band 377
Erste Auflage 1986

Erstausgabe

Satz: Jung, Lahnau
Druck: Nomos Verlagsgesellschaft, Baden-Baden
Umschlagentwurf: Willy Fleckhaus
Printed in Germany

1 2 3 4 5 6 – 91 90 89 88 87 86

Die Unhintergehbarkeit von Individualität

Einleitung

Eine These ist in Mode gekommen. Sie besagt, das neuzeitliche Subjekt – in allen seinen Schattierungen: als ›reine Apperzeption‹, als Mensch, Person oder Individuum – sei theoretisch wie praktisch ›am Ende‹. Die These als solche ist nicht neu, aber der Vorwurf mangelnder Originalität entkräftet nicht schon ihre Pertinenz. Heute wird sie vor allem von Positionen vertreten, die sich selbst als ›postmodern‹ oder ›dekonstruktivistisch‹ bezeichnen (oder von ihren Anhängern mit diesen Titeln belegt werden).

Ich möchte dieser These auf möglichst differenzierte Weise widersprechen. Für das literarische Genre, das ich dazu wähle, paßt vielleicht am besten der ähnlich schon bewährte Titel ›Über Individualität. Reden an die Gebildeten unter ihren Verächtern‹. Damit ist neben dem Namen Ernst Blochs, den wir hier und heute ehren, zugleich derjenige Friedrich Schleiermachers als wichtige Hintergrunds-Referenz aufgerufen. Bevor ich *medias in res* gehe, tue ich zweifellos gut daran, zwei Klassifikationsausdrücke zu erläutern, mit denen die von mir ins Auge gefaßten Verächter ihre philosophische Position näher bezeichnen, nämlich ›postmodern‹ und ›dekonstruktivistisch‹. (Ich kann freilich nur angeben, was *ich* darunter verstehe; tatsächlich wüßte ich nicht mit gleicher Sicherheit dafür einzustehen, daß die bezeichneten Positionen etwas hinreichend Bestimmtes oder daß sie das gleiche wie ich darunter subsumieren.)

Der Prädikator ›postmodern‹ scheint für ein dumpfes, wenn auch verbreitetes Gefühl zu stehen, wonach die Deutungspotentiale und Sinnstiftungsreserven des letzten Ausläufers abendländischer Kultur, eben der Neuzeit, sich erschöpft haben oder wonach deren Selbstverständnis unglaubwürdig geworden sei. Einige Autoren, die sich selbst als postmodern bezeichnen (oder denen nicht widersprechen, die sie als solche klassifizieren), bringen die Erschöpfung des Paradigmas der Moderne mit der des Subjekts zusammen. Diese Verbindung ist einem Deutungsschema verpflichtet, demzufolge der Weg des europäischen Geistes in der Ausfaltung des Gedankens der Subjektivität seinen Zielpunkt erreicht oder – so würden einige vorziehen zu sagen – demzufolge dieser Geist in der Zuspitzung zum Subjekt seine wahre Natur gezeigt habe. Ungefähr paßt dieses Schema auf das, was über die Philosophie Hegels bekannt ist; und da man weiß, daß dieser Autor dem Subjekt die ›Arbeit des Begriffs‹ abverlangt, ja darin die Tätigkeit der Rationalität überhaupt erblickt, liegt es – wenigstens bei einem gewissen Sinn für Wortspiel und Aperçu – nahe, die wahre Aspiration des ›Meisterdenkers‹ zu entlarven. Eine kritische Analyse des rationalistischen, im Subjektgedanken kulminierenden Vokabulars zeige nämlich, daß er träume von Aufhebung, Enthüllung, Übermächtigung, Zergliederung, Bezwingung, Entäußerung, Begreifen (letzteres eine Metapher, hinter der die ursprüngliche Bedeutung noch ungeschützt hervorblicke: ›saisir avec les griffes‹, mit den Klauen packen). Auf ein Schlagwort reduziert diese neue, postmoderne Form von Rationalitäts-Schelte Michel Foucault in einem Interview: »La torture, c'est la raison«; ihr Agent ist das Subjekt.

Hier begegnet die postmoderne Subjektkritik derjenigen des Dekonstruktivismus. An ihrem Ursprung steht Derridas Neologismus »déconstruction«, der seinerseits Heideggers Rede von der ›Destruktion der abendländischen Metaphysik‹ aufgreift. ›Dekonstruktion‹ meint: ein Niederreißen des Mauerwerks abendländischen Geistes nicht in der Absicht, es zu zerstören, sondern die Baupläne desselben freizulegen und angesichts seiner Krise eventuell neu und anders wieder aufzubauen (re-*kon*struieren). Mit der eingeschachtelten Präposition ›con‹ ist dieser konstruktive Zug bezeichnet, auf den schon Heidegger Wert legte, als er in *Sein und Zeit* schrieb: »Die Destruktion hat ebensowenig den *negativen* Sinn einer Abschüttelung der ontologischen Tradition. Sie soll umgekehrt diese in ihren positiven Möglichkeiten, und das besagt immer, in ihren *Grenzen* abstecken, die mit der jeweiligen Fragestellung und der aus dieser vorgezeichneten Umgrenzung des möglichen Feldes der Untersuchung faktisch gegeben sind« (l. c., Tübingen 1967, S. 22/3). Auch Heidegger, seinerseits in Nietzsches Fußstapfen, hatte die Krise des abendländischen Geistes in der neuzeitlichen Erfindung des Subjekts ausbrechen sehen; für ihn wie für Derrida ist darum die De(kon)struktion der Neuzeit wesentlich ein Einspruch gegen Alleinvertretungsansprüche, wie sie jahrhundertelang dem Prinzip der Subjektivität zuerkannt gewesen seien.

Was wird ihm vorgeworfen? Nietzsche, der in seiner Thronbesteigung nicht mehr, wie Hegel, einen legitimen Akt, sondern eine

Anmaßung sieht, erklärt das »Subjekt« für eine bloße »Fiktion« (z. B. *Werke,* hg. von Karl Schlechta, München ^{6}1969, III, 126, 534, 540, 751, passim): »es gibt das *ego* gar nicht, von dem man redet, wenn man den Egoismus tadelt.« Das Subjekt, welches dem anonymen Faktum des Denkens als seine »Bedingung« beizugesellen ein durch die Grammatik bedingtes *»Volks-Vorurteil«* sei (l. c., II, 579-581), ist vielmehr ein Epiphänomen des Willens zur Macht oder des Lebens. In diesem Sinn ist es ein Organ der Verkennung, das, weit entfernt, den Machtwillen zu leiten, vielmehr selbst blind in seinem Dienst arbeitet (l. c., III, 667) und sich evolutionsbiologisch zum Zweck der Unterhaltung der Herdennatur des Menschen herausgebildet hat (»das Bewußtsein ist nur ein Mittel der Mitteilbarkeit: es ist im Verkehr entwickelt, und in Hinsicht auf Verkehrs-Interessen« [l. c., III, 667; vgl. II, 220/1]).[1] Mitteilbarkeit setzt identische Schematisierung der Erfahrungen innerhalb einer Kommunikations- und Lebensgemeinschaft voraus; und um eine solche Identität der Schemata zu gewährleisten, muß die stets im Fluß befindliche Wirklichkeit unter Regeln gebracht werden (»eine bestimmte Tierart [gedeiht] nur unter einer gewissen relativen Richtigkeit, vor allem Regelmäßigkeit ihrer Wahrnehmungen« [l. c., III, 751]). Dies Unter-Regeln-Bringen ist der Wirklichkeit natürlich völlig äußerlich; es handelt sich um eine bloße Fiktion, ohne die eine bestimmte Spezies von Tieren, Mensch genannt, das Leben nicht ertrüge. Der Wille zum Wissen bzw. der Wille zur Wahrheit – im neuzeitlichen Subjekt zentriert – sind also sekundäre Bearbeitungen des Machtwillens zum Zwecke der Aufrechterhaltung eines erträglichen Sozialzustandes. Das Subjekt ist insofern eine »Hineindichtung« (l. c., III, 489) von Identitäten und Regularitäten in die an sich chaotische Natur, und »all unser sogenanntes Bewußtsein [ist] ein mehr oder weniger phantastischer Kommentar über einen ungewußten, vielleicht unwißbaren, aber gefühlten Text« (l. c., I, 1095), den des unbewußten Willens.

Dieser theoretischen Weichenstellung sind – so phantasievoll ihre verschiedenen Besetzungen auch sein mögen – alle neueren Ansätze zu einer Dekonstruktion von Subjektivität – von Heideg-

1 Ich habe Nietzsches Bewußtseins- und Subjekttheorie ausführlich präsentiert in der 13. Vorlesung, S. 260ff., von *Was ist Neostrukturalismus?*, Ffm. 1983; vgl. ferner Hartmut Brands, *»Cogito ergo sum« – Interpretationen von Kant bis Nietzsche,* Freiburg–München 1982, S. 247ff.

ger bis Foucault – verpflichtet. Die Ausbildung des Gedankens der Subjektivität – so scheint mir der kleinste gemeinsame Nenner dieser Positionen charakterisiert werden zu dürfen – sei der vorerst letzte und entscheidende Ausdruck einer Machtergreifung von Rationalität (über den »Willen zur Macht« [Nietzsche], übers »Sein« [Heidegger], über die »différance« [Derrida], übers »Nicht-Identische« [Adorno] oder über die »Alterität« [Lévinas, Foucault]). Diese – ich gebe zu: stark denuancierte – These wurde in modifizierter Form auch von Teilen der Kritischen Theorie, z. B. eben von Theodor W. Adorno, vertreten. Wir wissen heute besser als noch vor zehn Jahren, wie stark und in welchen Punkten rechte und linke Gesellschaftskritik und Epochenanalyse – diejenige z. B. von Ludwig Klages und den Autoren der *Dialektik der Aufklärung* – konvergieren.[1] Diese Konvergenz muß nicht (nur) erschrecken. Ernst Bloch – dessen Andenken unsere Überlegungen gewidmet sind – würde sie zweifellos ernst nehmen als Beleg für ihre diagnostische Kraft, so wie er das in *Erbschaft dieser Zeit* vorgeführt hat. Dort ging es nicht eigentlich um ein philosophisches Problem sensu stricto, wohl aber um ein zum unsrigen paralleles: darum, den unaufhaltsamen Aufstieg der politischen Rechten nicht einfach im Gestus einer Entlastung der Linken zu beschreiben. Faschistische Weltbilder – in deren Vorgeschichte der Wunsch nach Abdankung des souveränen und autonomen Subjekts ja ebenfalls eine unvergeßliche Rolle gespielt hat und noch spielt – haben unter Bedingungen hochkomplexer spätbürgerlicher Gesellschaften nur Chancen, wenn das Bewußtsein weiter Bevölkerungsschichten nicht Schritt hält mit der Evolution der Produktivkräfte. Diese Ungleichzeitigkeit analytisch nicht erkannt und diagnostisch nicht fruchtbar gemacht zu haben, war nach Blochs Ansicht der Fehler der KP, aber auch der bürgerlichen Parteien, denen er vorwirft, unrecht gehandelt zu haben nicht in dem, was sie getan haben, sondern in dem, was sie – in bezug auf den dämmernden Faschismus – nicht getan haben (*Über Ungleichzeitigkeit, Provinz und Propaganda. Ein Gespräch mit Rainer Traub und Harald Wieser,* in: *Gespräche mit Ernst Bloch,* Ffm. 1975, S. 197). Dies Nicht-Tun bestand vor allem in einer völlig unzureichenden Interpretation der in die falsch eindeutig gemachten Begriffe »Volk«, »Nation«, »Führer«, »Blut und Bo-

1 Vgl. Axel Honneth, *Kritik der Macht*, Frankfurt: Suhrkamp 1985.

den«, »Mythos«, »Ich-Abdankung«, »Geist-Überwindung« usw. emigrierten Sehnsüchte, die einer vorkapitalistischen Schicht des Fühlens und Denkens entsprungen sind und darin ihr relatives Recht besaßen – Bloch spricht gar von einer utopischen Aufladung –, daß sie die Entwicklung des Fortschritts an einem (vergoldeten) Gewesenen messen, im Vergleich zu welchem der kapitalistische Fortschritt für Teile des Volks schlecht abschneidet. Von hier erklärt sich die Konvergenz etwa zwischen Ludwig Klages und Theodor W. Adorno oder zwischen Walter Benjamin und Carl Schmitt; sie besteht freilich nur im Diagnostischen, nicht in der Art und Weise, wie zum Phänomen Stellung bezogen wird: durch Aufforderung zur Regression oder zur zukunftsorientierten Überwindung.

Es ist nützlich, sich einmal Rechenschaft darüber abzulegen, in wie hohem Maße die heute vor allem im Gefolge des Neostrukturalismus in Mode gekommene These vom ›Tod des Menschen‹ mit den irrationalistischen Pseudophilosophemen à la Klages, Baeumler und Spengler – aber auch mit den in Lyotards Philosophie fröhlich urständenden agonalen Machttheorien des Sozialdarwinismus – übereinkommt. Jacques Bouveresse hat, im Blick auf dies Phänomen und mit besonderer Bosheit gegen die Pariser Modephilosophie, von einer Rache Spenglers gesprochen.[1] Sie besteht darin, daß es nicht genügt, Spengler nicht zu kennen; man sollte auch über andere Ansichten als dieser Autor verfügen können. Die bloße Ahnungslosigkeit hinsichtlich der irrationalistischen ›Überwindungen des Abendlandes‹ und der ›Subjektphilosophie‹ schützt nicht vor ihrer Wiederkehr im eigenen, auf ähnliche Ziele hin orientierten Denken. Darin genau besteht Spenglers Rache. Auch hier ist die Blochsche Perspektive fruchtbar: Mit der Opposition gegen die irrationalistische Vereinnahmung einer Philosophie jenseits von abendländischem »Logozentrismus« (der Term ist von Klages, nicht von Derrida) und von Subjektivität muß nicht schon die These verbunden sein, es gäbe mithin *keine* Krise des Abendlandes und *keinen* Grund, von der Subjektphilosophie sich abzuwenden. Die Frage ist allererst in rationaler Form zu stellen.

Das hat Jürgen Habermas im *Philosophischen Diskurs der Mo-*

1 Jacques Bouveresse, *La vengeance de Spengler*, in: *Le temps de la réflexion*, 1983, Paris 1983, S. 371–401. Vgl. derselbe, *Le philosophe chez les autophages*, Paris: Minuit, 1984, S. 117ff.

derne (Ffm. 1985) zu tun versucht. Er unterscheidet dort zwischen einer rationalen und einer anti-rationalen Zueignung der »subjektphilosophischen Erbmasse« (l. c., S. 426). Überzeugt von der ›Erschöpfung des Paradigmas der Bewußtseinsphilosophie‹ (l. c., S. 346) und der Notwendigkeit ihrer Integration in eine Theorie der Intersubjektivität (des ›kommunikativen Handelns‹), stellt er der an Nietzsche und Heidegger orientierten antisubjektivistischen Philosophie die Diagnose, hier werde – im Gestus trotziger Kompensation – »das metaphysisch vereinsamte und strukturell überforderte Subjekt« (l. c., S. 346), welches die Ordnung der Dinge aus eigener Kraft nicht länger mehr zu fundieren sich zutraue, einfach abgedankt – abgedankt indes nicht zugunsten einer Systemrationalität (gleich welchen Zuschnitts), sondern zugunsten trans- oder vor-subjektiver Ursprungsmächte (z. B. des Willens, des Unbewußten, des Seins, der *différance* oder der nackten Macht), die unter gewandelten Vorzeichen die ursprungsphilosophische Grundorientierung der klassischen Subjektphilosophie weitertradieren. Demgegenüber erscheint ihm der »in kybernetischen und biologischen Zusammenhängen entwickelte Systembegriff« als ein geeigneter Ablösungskandidat »für den von Descartes bis Kant entwickelten Begriff des Erkenntnissubjektes« (l. c., S. 426f.). »Auf diese Weise wird [mit Hilfe gewisser ›Umdispositionen‹] die subjektzentrische Vernunft durch Systemrationalität abgelöst« (l. c., S. 444).

Habermas' Intention ist sicher unverdächtig – dennoch muß man zweifeln, daß die von ihm ins Auge gefaßte Ablösung des Paradigmas der Subjektphilosophie gelingt. Weder scheint mir *Inter*subjektivität angemessen bedacht werden zu können, ohne daß auch die Struktur der im kommunikativen Handeln zusammengeschlossenen und interagierenden *Subjekte* begrifflich geklärt wäre (wovon Habermas weit entfernt ist); noch kann ich sehen, wie die Rede von ›*selbst*referientiell geschlossenen Systemen‹ ohne expliziten oder impliziten Rekurs aufs Modell selbstreflexiver Subjektivität auskommen kann. Tatsächlich ist die Wiederkehr des Reflexivpronomens *(›Selbst-‹)* ein untrügliches Indiz für die Aufsässigkeit des verdrängten Modells. Nur Subjekte können *sich* zu *sich* verhalten. Anonymen Systemen Selbstbezüglichkeit zuzuweisen, ist eine metonymische Redeweise, die, sofern sie rhetorisch kontrolliert bleibt, aus diskurs-ökonomischen Gründen durchaus zulässig ist, die aber, sofern sie reinen Abstraktionen und Idealisierungen wie *der* Sprache oder *dem* System trockenen Auges die Handlung der Selbstreflexion zuspricht, nicht mehr weit entfernt ist von Positionen verschobener Ursprungsphilosophie à la Heidegger oder Derrida, wo ja ebenfalls bald *das* Sein, bald *der* Text spricht, so als seien sie – wie es die Grammatik dieser sinnlosen Formulierungen unzweideutig zutage bringt – handlungs- und reflexionsmächtige Subjekte.

Es scheint demnach so, als seien weder *die* (System-)Rationalität noch Hypostasierungen wie *das* Sein, *die* Struktur, *die* Macht oder *die* Intersubjektivität geeignete Kandidaten, um die subjektphilosophische Erbmasse in geeigneten Umdispositionen zu verwalten. Rationalität scheint in einem wesentlichen Sinne ohne den Begriff der Subjektivität nicht gedacht werden zu können, und das war eine der Grundüberzeugungen von Descartes, Leibniz, Kant, Hegel und Husserl. Ebensowenig aussichtsreich sind aber die aus Überforderung durch Rationalität erklärbaren regressiven Unterbietungen des subjektphilosophischen Paradigmas, wie sie exemplarisch in Ludwig Klages' *Geist als Widersacher der Seele* (Leipzig 1929-31) ihren Einstand geben. Dort wie auch im *Kosmogonischen Eros* (Jena ^{3}1930) wird eine ekstatische Befreiung der schwammig so genannten Seele vom Geiste gepredigt – und noch in der karikaturalen Verzerrung kann man nicht umhin, die Konvergenz zu Heidegger oder zu Deleuze/Guattari zu bemerken:

> Während jedes außermenschliche Lebewesen, wenn auch gesondert und mit eigener Innerlichkeit, im *Rhythmus* des kosmischen Lebens pulst, hat den Menschen aus diesem abgetrennt das *Gesetz* des Geistes. Was ihm als Träger des Ichbewußtseins im Lichte der Überlegenheit vorausberechnenden Denkens über die Welt erscheint, das erscheint dem Metaphysiker, wenn anders er tief genug eindringt, im Lichte einer Knechtung des Lebens unter das Joch der Begriffe! Von ihm das Leben wieder zu lösen, sowohl der Seele *als auch* dem Leibe nach, ist der verborgene Hang aller Mystiker und Narkotiker, mögen sie es wissen oder verkennen; und der erfüllt sich in der Ekstase. Mit den Beweisen dafür kämen wir auf hundert Seiten nicht zu Ende (l. c., S. 65).

Mit Erleichterung dürfen wir auf diese Dokumentation verzichten. Schon an dem zitierten Abschnitt ist zu bemerken, daß, was Klages den »Zustand des *dionysischen* Rauschs« oder die »ekstatische Seelenverfassung« nennt (l. c., S. 56), nicht ein Pol im dialektischen Grundverhältnis des Geistes oder des Bewußtseins ist, der sich dem anderen rhythmisch über- oder unterordnet, sondern eine geistlose Ursprungsmacht, die den Ich-Pol mit einem emotionalen Schwall gleichsam wegspült. Der Dionysos, der hier beschworen ist, bleibt – wie Bloch sarkastisch sagt –, statt von Indien nach Griechenland zu ziehen, im Dschungel (*Erbschaft dieser Zeit,* Ffm. 1974, S. 361). Es ist buchstäblich die Nacht, in der alle Kühe schwarz sind: nicht das Leben des Bewußtseins, sondern das trunkene Leben *im Gegensatz* zum Bewußtsein. Oder, zum letztenmal in Klages' eigenen Worten:

Passiv, erleidend, anheimfallend ist unser Ich, und es fällt anheim der siegenden Gewalt des Lebens. Wann immer wir wollen oder denken, so sagen wir: *ich* denke, ich will, ich tue; und wir heben das Ich um so entschiedener hervor, je nachdrücklicher wir eben denken oder wollen. Wann aber wir Großes fühlend erlebten, so scheint es uns blaß und marklos zu sagen: ich fühlte das folgende; es heißt statt dessen: *es* hat mich ergriffen, erschüttert, gepackt, überwältigt, hingerissen! Was reißt uns hin? Das Leben! Und was wird hingerissen? Das Ich! (*Der kosmogonische Eros,* l. c., S. 67).

Ähnlich liest man's heute wieder in derjenigen Richtung der Psychoanalyse, die gegen die ich-psychologischen und aufklärerischen Tendenzen des späten Freud polemisiert und mit einer Art überschlagender Stimme für die Abdankung der Autonomie des Subjekts eifert. Ohne den Zwischenfall des Dritten Reichs würde sich die zwischen beiden Äußerungstypen waltende Kontinuität zweifellos – im Sinne der Idee von einer Rache Spenglers und Klages' – als eine ununterbrochene Tradition erkennen lassen.

Hier, meint Bloch in der *Erbschaft dieser Zeit,* wird nicht »Erbschaft« angetreten, sondern Kulturniveau verleugnet. Dem Ekstatiker schlägt Opferdampf in die Augen. Damit ist nicht bestritten, daß der Widerspruch gegen die Subjektphilosophie aus einem diagnostisch-analytischen Potential schöpfen kann oder es doch könnte. Bloch hat die Wiederkehr des Dionysos im Vitalismus noch durch den regressiv-reaktionären Gestus hindurch, den sie bei Klages annimmt, als »dialektisch brauchbar« anerkannt: »Gerade die echten metaphysischen Umtriebe, die dem Großbürgertum noch geblieben und dialektisch brauchbar sind (so bei Bergson, dem eigentlichen Vitalisten), verbinden sich heute mit Wachheit, ja mit ›Zivilisation‹, nicht mit verärgerter Provinzseele, nicht mit Lenbachtum, das statt Tizian Diluvium kopiert. Die schlecht Entzauberten, die sich deshalb als Bewußtseinsfeinde erscheinen, haben im dionysischen Bewußtseinsrest noch nie Anderes gefunden als Archäologie[1], und wollten sie hier Substanz, so stießen sie erst recht auf heilloses Vorbei« (*Erbschaft dieser Zeit*, l. c., S. 336).

Bewußtsein und Licht spielen eine große und positive Rolle nicht erst im Werk von Ernst Bloch, sondern schon in demjenigen von Karl Marx. Das muß nicht übersehen machen, daß ein Louis Althusser gerade auf Marxens Spätwerk glaubte sich beziehen zu dürfen, wenn er einen ›theoretischen Antihumanismus‹ verteidigt. Marx hat Bewußtsein und Ichheit für Epiphänomene – für etwas Abkünftiges – der Selbstreproduktion des Lebens in sozialen und wirtschaftlichen Zusammenhängen gehalten, und weder für Adorno noch für Bloch haben sie ihre wie immer historistisch-materialistisch gedemütigte Prinzipnatur behalten. Es ist vermutlich schwierig, Blochs Gedanken zur Rolle des Subjekts in systematischer Strenge zu präsentieren. Eine solche kennt sein Philosophieren ohnehin nicht. Dennoch wird man sich erinnern, daß er z. B. Kierkegaards existentiellen Einspruch gegen den absoluten Universitätsprofessor Hegel mit der ihm eigenen Verve verteidigt (*Subjekt-Objekt. Erläuterungen zu Hegel*, Ffm. 1971, S. 393 ff.): »Ein Inneres wendet sich gegen das Äußere, worin es nicht vorkommt. Gegen das Begriffene, worin es sich selbst durchaus nicht begriffen fühlt. Das Innere ist nach Kierkegaard das unmittelbare Menschsein, es braucht nicht einmal so sehr oder immer seelisch zu sein. (...) Das ist dieses, was den Menschen allein angeht« (l. c., S. 393). Gewiß bleibt es abstrakt, sofern es sich dem Begriff nur trotzig und ausschließend entgegensetzt – aber der Begriff bleibt nicht minder abstrakt, sofern er das Existieren über dem Begreifen vergißt.

Der Hinweis auf Kierkegaard gibt uns erstmals Anlaß zu einer grundsätzlichen Überlegung. Es wäre voreilig, seinen Einspruch gegen Hegel unter den Prädikator ›subjektphilosophisch‹ zu stellen. Im Sinne Nietzsches, Heideggers oder Derridas ist Hegel der Höhepunkt europäischer Subjektphilosophie. Wenn er nicht gegen das Subjekt polemisiert, wogegen protestiert aber dann Kierkegaard? Gegen das Subjekt als ein Allgemeines. Und der Einspruch erfolgt im Namen eines unvertretbar Einzelnen, dessen Wesen von keinem Begriff – auch nicht dem *des* Subjekts, von dem Hegel sagt, es sei die Wahrheit der Substanz – erschöpfend ausge-

1 Ist es Zufall, daß Foucault seine Methode gerade unter diesem Titel bringt?

leuchtet wird. Ein solches Einzelnes ist das Individuum. Es ist überhaupt nicht nötig, es mit kierkegaardschem Eigensinn dem Hegelschen Allgemeinen abstrakt entgegenzusetzen. Es genügt völlig, wenn man mit Jean-Paul Sartre zugesteht, daß seine irreduzible, in keinen Begriff auflösbare Singularität jedem Allgemeinen, an dem es aufscheint, einen Index von Einzigartigkeit und Unvergleichlichkeit aufprägt. Auch Sartre bezieht sich auf Kierkegaard, auch ihm geht es – wie Bloch – um den Nachweis, daß, wenn Kierkegaard nicht ohne Hegel und Marx, Hegel und Marx auch nicht ohne Kierkegaard auskommen: Individualität ist irreduzibel, wenn auch nicht Prinzip.

L'homme est l'être qui transforme son être en *sens,* l'être par qui *du sens* vient au monde. Le sens, c'est l'universel singulier: par son *moi,* assomption et dépassement pratique de l'être tel qu'il est, l'homme restitue à l'univers l'unité d'enveloppement en la gravant comme détermination finie et comme hypothèque sur l'Histoire future dans l'être qui l'enveloppe. Adam se temporalise par le péché, libre choix nécessaire et transformation radicale de ce qu'il est: il fait entrer dans l'univers la temporalité humaine. Cela signifie clairement que la liberté *en chaque homme* est fondement de l'Histoire. Car nous sommes tous Adam en ceci que chacun de nous commet pour lui-même et pour tous un péché singulier, c'est-à-dire que la finitude est pour chacun nécessaire et incomparable. Par son action finie l'agent dévie le cours des choses mais conformément à ce qui doit être ce cours même. En effet, l'homme est médiation entre la transcendance-arrière et la transcendance de devant et cette double transcendance n'en fait qu'une. Aussi peut-on dire que par l'homme le cours des choses dévie lui-même dans sa propre déviation. Kierkegaard nous dévoile ici le fondement de son paradoxe et du nôtre – qui ne font qu'un. Chacun de nous, dans son historicité même, échappe à l'Histoire dans la mesure où il la fait. Historique dans la mesure où les autres aussi font l'Histoire et me font, je suis absolu transhistorique par ce que je fais de ce qu'ils me feront plus tard, c'est-à-dire par mon historialité.

(...) [Kierkegaard] est mort, au sein même de la vie qu'il continue par nous, en tant qu'il demeure interrogation inerte, cercle ouvert qui exige par nous d'être terminé. D'autres, [qui] à son époque ou peu après, ont été plus loin que lui, ont montré le cercle achevé en écrivant: »Les hommes font l'Histoire sur la base de circonstances antérieures.« En ces mots, il y a et il n'y a pas progrès sur Kierkegaard: car cette circularité reste abstraite et risque d'exclure la singularité humaine de l'universel concret tant qu'elle n'intègre pas l'immanence kierkegaardienne à la dialectique historique. Kierkegaard et Marx; ces morts-vivants conditionnent notre ancrage et se font instituer, disparus, comme notre avenir, comme notre tâche future:

comment concevoir l'Histoire et le transhistorique pour restituer, en théorie et en pratique, leur réalité plénière et leur relation d'intériorité réciproque à la nécessité transcendante du processus historique et à la libre immanence d'une historialisation sans cesse recommencée, bref pour découvrir en chaque conjuncture indissolublement liées, la singularité de l'universel et l'universalisation du singulier? (Jean-Paul Sartre, *L'universel singulier*, in: *Situations IX*, Paris 1972, S. 178/9 und S. 190).

Diese von Bloch eröffnete, von Sartre bereits ausgeschrittene Perspektive erlaubt uns – in einem ersten, noch ganz vagen Vorverständnis unseres Problems – eine wichtige Grenzziehung. Es scheint einerseits so zu sein, daß das Paradigma der Subjektphilosophie erschöpft ist (dieser Schein besteht nicht erst neuerdings, sondern spätestens seit Hegels Tod). Andererseits scheinen weder die systemrationalistische noch die irrationalistische Subjekt-Überwindung (die beide heute – in Deutschland und in Frankreich – für Alternativen gehalten werden) einen gangbaren Ausweg aus der paradigmatischen Sackgasse zu eröffnen. Könnte es da nicht aussichtsreich erscheinen, die Subjektphilosophie von einem Standpunkt aus in Frage zu stellen, der einen irreduziblen Bewußtseinsrest konserviert, ohne den Schwierigkeiten des klassischen Paradigmas sich auszusetzen?

In der Tat ist ja das Individuum, von dem Kierkegaard und Sartre handeln, ein Subjekt, wenn auch nicht jedes Subjekt ein Individuum ist. Das Subjekt, gegen das Kierkegaard sich wendet, ist ein radikal Allgemeines; dasjenige, welches den Protest ausführt, ist ein Individuum. Kierkegaards Terminologie bewegt sich im Kielwasser einer Sprachregelung, die sich vermutlich in der »Sattelzeit« (1750-1800) durchgesetzt hat und derzufolge unter ›Individuum‹ nicht mehr ein unspaltbar kleines Einzel*ding* – ein Atom –, sondern ein Einzel*subjekt* zu verstehen ist.

Dieser neuere, vom »Atomismus« der antiken und mittelalterlichen Welt abgesetzte Wortgebrauch scheint in der Tat in einer Eingrenzung und Zuspitzung der Semantik von Subjektivität zu gründen. Die neueren französischen Subjektivitäts-Kritiker glauben sich unter anderem darum berufen, das Eigene der Individualität mit denselben Waffen anzugreifen, mit denen sie bereits den Gedanken der »présence à soi« – also des Selbstbewußtseins – (als der äußersten Aufgipfelung des antiken ›Seins‹-Verständnisses als »Anwesen«) bekämpft hatten. Zur Illustration dieses Gedankens dienen vor allem Texte von Descartes, Hegel, Husserl und (andeutungsweise) Sartre, von dem die Wendung »présence à soi« entlehnt ist. Der Seins- bzw. Differenzvergessenheit, die sich in der Selbstbehauptung der Individualität auspräge, könne erst in einer »pensée future« entkommen werden. Sie aber werde sein ein »penser dans le vide de l'homme disparu«.[1]

Bei genauerem Hinsehen erweisen sich die gegen die genannten Autoren geführten dekonstruktivistischen Feldzüge als ungeeignet, den Gedanken der Individualität anzufechten – einfach darum, weil Individualität (von Sartre abgesehen) keine oder eine lediglich negative Rolle in ihrem Werk spielt. Individualität gilt ihnen als Störenfried in der geebneten Landschaft einer streng rationalen Ordnung des Wissens. Mit ihrem Namenszug scheint eine Position beschworen, die sich der Unterwerfung unter den Begriff und unters Allgemeine verweigert. Darum begegnet die Philosophie, seit ihren antiken Anfängen, zahlreichen Wortverbindungen, in denen Elemente aus der semantischen Sphäre der Eigenheit/Einzelnheit vorkommen, mit Skepsis oder offener Verachtung. Ausdrücke, in denen der Stamm *ἰδιο- auftritt, haben allgemein pejorativen Sinn. Der aus dem Verband des Gemeinwesens und der ›allgemeinen Sache‹ ausscherende Einzelne ist kein Bürger, sondern ein Idiot.[2] Privatansichten sind idiosynkratisch.

Die nicht-philosophischen Wissensformen – wie die von Naturwissenschaft und Technik in Anspruch genommenen - sind ihrerseits keineswegs individualitätsfreundlicher. Der Gedanke der Wissenschaft verlangt vielmehr aus strikt methodologischen Gründen den Ausschluß des Individuellen. Geltung kann nur haben, was verallgemeinbar ist. Eine einzelne Aussage mit überprüfbarem Wahrheitsanspruch formuliert ipso facto eine allgemeine Tatsache, einen Fregeschen »Gedanken«. Sie appelliert an ein möglichst kohärentes System aus voneinander wechselseitig abhängigen Propositionen, die damit nicht als Singularitäten, sondern als Funktionen in Betracht kommen. Wenn zu vermuten ist, daß Wissenschaftlichkeit über einem Ausschluß von Individualität errichtet ist, ist freilich jene Diagnose des Prozesses abendländischer Rationalität nicht mehr einleuchtend, die in der Machter-

1 Michel Foucault, *Les mots et les choses. Une archéologie des sciences humaines*, Paris 1966, S. 353.

2 Das habe ich näher zu belegen versucht in meinem Aufsatz *Archäologie des Individuums*, in: *Das Sagbare und das Unsagbare*, Frankfurt/Main 1980, S. 36-113, vor allem S. 85 ff.

greifung des individuellen Moments einen Ausdruck der in Wissenschaft und Technik gipfelnden europäischen Seins- und Differenzverleugnung sieht. Evident ist vielmehr, daß die sogenannte »abendländische Episteme« – Webers »okzidentaler Rationalismus« – mit der späten Seinsphilosophie Heideggers und der Foucaultschen »Archäologie« den Affekt gegen den ›a-systatischen‹, im Wortsinne ›an-archischen‹ Zug im Gedanken des Individuellen teilt. Das vom jüngeren Dekonstruktivismus (der sonst dem Ausgeschlossenen so wortmächtig zu Hilfe eilt) eigentlich Ausgeschlossene, so scheint mir, ist das Individuum.

Damit bequemt sich die »Archäologie der Humanwissenschaften«, nach eigenem Bekenntnis, »der wissenschaftlichen und technischen Welt, die nämlich unsere wirkliche Welt ist« (Foucault, Mai 1966, im Interview mit Madelaine Chapsal). Nicht im Gestus der Kritischen Theorie, die in die Deskription des Seienden den Protest dagegen einträgt, sondern in Gestalt einer theoretischen Mimikry (mit Rechtfertigungsfunktion) an eben diese Wirklichkeit. Die Sinn- und Individualitätsschelte, die den Charakter der zeitgenössischen philosophischen und literarkritischen Strömungen so nachhaltig bestimmt, scheint wohl zu erkennen, daß der lebendige Sinn weltoffener Einzelsubjekte gleichermaßen in den modernen Gesellschaften wie in den Theorien, die deren Selbstverständnis ausdrücken, überfremdet ist vom Gitter allgegenwärtiger Regelzwänge. Daß die Produktivkraft der menschlichen Individualität unter dem Zwang verschmachtet, sich nur als ›Fall‹ geltend zu machen, der unter einer Regel begriffen ist, ist gerade nicht der Gesichtspunkt der jüngsten Modernismuskritik. Aus der Einsicht, daß die Individualitätsvergessenheit der exakten Wissenschaften und der sie ins Werk setzenden Technik dem idealistischen Subjektivismus nur in letzter Konsequenz die Treue hält, begründet sie einen »theoretischen Antihumanismus«. Damit scheint die äußerste Spirale der Entfremdung erreicht. Statt unter dem Korsett einer totalitär gewordenen »Rationalität« ein gequältes und verstummtes Subjekt zu gewahren, gibt sie es endgültig auf.

Ist das Individuum theoretisch am Ende, wie seine Existenz in der Realität bedroht ist? Die Frage läßt sich nur entscheiden auf der Grundlage einer geduldigen Rekonstruktionsarbeit. Unter »Individuum« und »Individualität« ist zu verschiedenen Zeiten der Evolution der europäischen Intelligenz nicht dasselbe verstanden worden. Und nicht einmal für das aufs magische Jahr 1775 datierte Aufblühen des »Individualismus«, der im nachhinein mit dem »bürgerlichen Individualismus« oder der »idéologie moderne« (Louis Dunant)[1] identifiziert worden ist, ist die semantische Einheit des Terms gesichert.

Es ist nützlich, ganz von vorne zu beginnen. Welches sind die Beziehungen, die die Begriffe Subjekt und Individuum in der neueren philosophischen Diskussion zueinander unterhalten? Wie verhalten sich beide zum Begriff der Person, welches ist die ihr eigene Identität oder Nicht-Identität? Es scheint, als hätten die jüngeren französischen Kritiker nie ernsthaft darüber nachgedacht.

Allgemeinheit und Einzelnheit des Selbst

Subjektivität und Individualität: zwei Begriffe, mit denen wir spontan bekannt zu sein glauben und die wir in den meisten Sprechsituationen gar nicht voneinander unterscheiden. Descartes, der beide Ausdrücke nicht verwendet, hat der in ihnen namhaft gemachten Erfahrung höchste Evidenz zuerkannt und die Selbstgewißheit des denkenden Wesens sogar für ein Deduktionsprinzip der Philosophie gehalten.[2] Das schließt nicht aus, daß ein uns so vertrautes Phänomen wie das Selbst zu den theoretisch unaufgeklärtesten der Philosophiegeschichte zählt. Hinsichtlich seiner könnte man sagen, es gebe Theorien, aber keine Theorie. In Heideggers Worten:

> Wir sind in ontischer Hinsicht dem Seienden, das wir selbst sind und das wir Dasein nennen, am nächsten; denn wir sind dieses Seiende selbst. Gleichwohl ist uns dieses ontisch Nächste gerade ontologisch das Fernste. Descartes umschreibt die zweite seiner Meditationen zur Metaphysik »De natura mentis humanae: quod ipsa sit *notior* quam corpus« (...). Trotz

1 Louis Dunant, *Essais sur l'individualisme. Une perspective anthropologique sur l'idéologie moderne,* Paris 1983.

2 »Ainsi, en considérant que celui qui veut douter de tout ne peut toutefois douter qu'il ne soit pendant qu'il doute, et que ce qui raisonne ainsi, en ne pouvant douter de soi-même et douter néanmoins de tout le reste, n'est pas ce que nous disons être notre corps mais ce que nous appelons notre âme ou notre pensée, j'ai pris l'être ou l'existence de cette pensée pour le premier principe, duquel j'ai déduit très clairement les suivants (...)« (*Lettre de l'auteur à celui qui a traduit le livre* [sc.: *Les Principes de la philosophie*], in: Descartes, *Œuvres et lettres,* éd. par André Bridoux, Paris [Bibl. de la Pléiade] 1953, S. 562/3).

dieser oder gerade wegen dieser vermeintlich vorzüglichen Bekanntheit des Subjekts wird nicht nur bei Descartes, sondern in der Folgezeit überhaupt *dessen Seinsart verkannt und übersprungen,* so daß keine Dialektik des Geistes dieses Versäumnis wieder rückgängig machen kann (*Die Grundprobleme der Phänomenologie,* Gesamtausgabe Bd. 24, Ffm. 1975, S. 220/1).

Heidegger hat die Struktur des Selbst aus seiner Fraglichkeit selbst verständlich zu machen gesucht. Mit ›Dasein‹ bezeichnet er dasjenige Seiende, dessen Auszeichnung es ist, sich hinsichtlich seines eigenen Seins fraglich zu sein. Sartre hat das in die Wendung übertragen, das Selbst sei »un être dont la caractéristique d'être est qu'il est en son être question de son être (...), la conscience est presque une sorte d'interrogation ontologique« (*Conscience de soi et connaissance de soi* [hinfort zit.: *CC*], in: *Bulletin de la Société française de philosophie,* Bd. 42, 1948, S. 66). Die Heideggersche Formulierung, an welche die seine anschließt, findet sich im § 4 von *Sein und Zeit* (l. c., S. 12). Dort wird Dasein als dasjenige Seiende vorgestellt, dem es »in seinem Sein *um* dieses Sein selbst geht«. Dasein hätte also die Struktur eines Selbstverhältnisses, es wäre auto-reflexiv. Heidegger hat das auch so ausgedrückt, daß Dasein sich selbst im Licht eines je bestimmten Seinsverständnisses zugänglich (»erschlossen«) sei, und zwar so, daß die ek-statische Öffnung auf sein Anderes Grund sei seiner Vertrautheit mit sich selbst. In der Vorlesung von 1927 liegt das Reflexions-Modell, an welchem sich Heidegger zur Aufklärung der Struktur des Selbst orientiert, noch deutlicher zutage:

Die Reflexion im Sinne der Rückwendung ist nur ein Modus der Selbst*erfassung,* aber nicht in der Weise der primären Selbst-Erschließung. Die Art und Weise, in der das Selbst im faktischen Dasein sich selbst enthüllt ist, kann man dennoch zutreffend Reflexion nennen, nur darf man hierunter nicht das verstehen, was man gemeinhin mit diesem Ausdruck versteht; eine auf das Ich zurückgebogene Selbstbegaffung, sondern ein Zusammenhang, wie ihn die optische Bedeutung des Ausdrucks ›Reflexion‹ kundgibt. Reflektieren heißt hier: sich an etwas brechen, von da zurückstrahlen, d. h. von etwas her im Widerschein sich zeigen (*Gesamtausgabe,* Bd. 24, S. 226).

Das Selbst, das wir sind, wäre sich mithin nicht ursprünglich erschlossen; es gewänne sein Selbstbewußtsein erst vom Widerschein der Welt her, an die es zunächst völlig entäußert ist. So wäre das Selbst, das wir sind, nicht ursprünglich durch Selbstbewußtsein ausgezeichnet. Selbstbewußtsein wäre vielmehr ›abkünftiger Modus‹ einer ursprünglicheren Struktur, der des (Seins-)Verständnisses.

Dagegen hat Jean-Paul Sartre eingewendet, daß ›Dasein‹, anfänglich der Dimension des Bewußtseins beraubt, sie in der Folge nur um den Preis eines Zirkels wiedergewinnen kann. Was wäre in der Tat ein Verständnis, welches kein Bewußtsein davon einschließt, es zu sein? »Cette tentative pour montrer *d'abord* l'échappement à soi du Dasein va rencontrer à son tour des difficultés insurmontables: on ne peut pas supprimer *d'abord* la dimension ›conscience‹, fût-ce pour la rétablir ensuite. La compréhension n'a de sens que si elle est conscience de compréhension« (*L'être et le néant*, Paris 1943, S. 115 f. und 128). Damit ist nicht geleugnet, daß Selbstsein den verstehenden Bezug auf sich einschließt; geleugnet wird nur, daß dieser Bezug dem Sich-vertraut-Sein des Selbst vorausliegt.

Was immer mit ›Selbst‹ noch gemeint sein mag, wir haben an einen Sachverhalt zu denken, der ursprünglich mit sich bekannt ist und erst kraft dieser Bekanntschaft in ein verstehendes Selbstverhältnis eintreten kann.

Damit hängt eng zusammen ein dritter Zug, den die philosophische Tradition als die Spontaneität des Selbst und Heidegger als seinen Entwurfcharakter bezeichnet hat. Das Selbst verdankt alles, was es ist, sich selbst; es gibt keine Rezeptivität/Passivität des ursprünglich selbstbewußten Wesens. In Heideggers Frühwerk ist dieser Gedanke nur widersprüchlich durchgeführt: einerseits läßt sich das Selbst den Sinn, in dessen Licht es sich erschließt, von seiner Welt ankündigen (und ist insofern ihr gegenüber unselbständig); andererseits soll der Sinn, in dessen Licht die Welt getaucht ist, selbst der Niederschlag von Entwürfen sein, deren Urheber die Spontaneität des Selbst ist. Im letzteren Fall könnte das Selbst die Besonnenheit seiner Entwürfe nur durch vorgängige Selbstvertrautheit sicherstellen; im ersteren wäre gar nicht mehr zu sehen, wie ein im Widerschein eines Fremden konstituiertes Wesen mit Recht den Namen eines Selbst tragen dürfte. Sartre vermeidet diese Zweideutigkeit, indem er ausschließt, daß die Vertrautheit des Selbst mit sich das Ergebnis einer Information durch anderes als das Selbst (die Welt, das Sein) sein kann. Das Selbst ist spontan in dem Sinne, daß es zwar nicht Urheber seines Seins, wohl aber des Sinns ist, in dessen Lichte es sein Sein in wechselnden Verständniszusammenhängen erschließt:

Nous dirons (...) que la conscience se fait être ce qu'elle est. (...) Il ne s'agit pas ici d'une puissance, d'une énergie, d'une volonté, mais si rien du dehors ne peut donner du plaisir à une conscience, rien ne peut lui donner de la douleur, car on ne peut introduire du dehors dans un système clos (...) une certaine modification (*CC*, S. 66).

Mit dieser Auflistung elementarer Eigenschaften des Selbst ist indessen noch kein Beitrag zur Abgrenzung der Begriffe ›Subjektivität‹ und ›Individualität‹ geleistet. Offensichtlich existiert, was wir (in problematischer Nominalisierung) das ›Selbst‹ nannten, sowohl als eine allgemeine Struktur (Subjektivität) als auch als ›je meines‹. Heidegger und Sartre kennen es nur in diesem letzten Sinn: nicht »als Fall und Exemplar einer Gattung von Seiendem als Vorhandenem«, sondern als dasjenige Einzelne und Unverwechselbare, das je ich selbst zu sein habe (*Sein und Zeit*, S. $42,_4$). Heidegger glaubt, der »Charakter der *Jemeinigkeit*« des Daseins spreche sich im Gebrauch der Personalpronomina (»ich bin«, »du bist«) ursprünglich aus (l. c.). Das ist freilich – wie wir noch gründlicher zu prüfen Gelegenheit haben werden – nicht plausibel. Mit ›ich‹ verweist ein jeder auf sich selbst *als* auf ein subjektiv Seiendes (im Unterschied zu einem Vorhandenen), nicht aber notwendig auf sich als ein einzigartiges Subjekt. Diese Singularisierungsleistung wird schon durch das Satzsubjekt ›ein jeder‹ verwischt und unversehens generalisiert. Man überzeugt sich davon leicht durch den Beginn des Dialogs zwischen Merkur und Sosias in Molières *Amphitryon:*

Mercure: Qui va là?
Sosie: Moi!
Mercure: Qui, moi?

Merkurs Rückfrage (deren Komik Kleist noch steigert: »Was für ein Ich?«) zeigt, daß er mit der schwachen Identifizierungsleistung des Pronomens der ersten Person singularis keineswegs zufrieden ist: durch sie ist die Individualität des damit auf sich bezugnehmenden Subjekts nicht präzisiert. Jemand – irgendwer – hat sich damit lediglich als Subjekt vorgestellt: als Exemplar einer Gattung von selbstbewußten Wesen seinesgleichen.

Es war Hegel, der zu Beginn der Logik des Begriffs die doppelte Semantik des deiktischen Ausdrucks ›ich‹ zur Bezeichnung des Subjekts-im-allgemeinen und des einzelnen Individuums einer eingehenden Reflexion unterzogen hat: Jeder glaubt, mit der Bedeutung von ›ich‹ bekannt zu sein, denn damit bezeichnet er nicht ein Anderes, sondern sich selbst. Tatsächlich bezeichnet ›ich‹ zunächst eine abstrakte Entität, die durch Analyse aus unendlich vielen einzelnen Bewußtseinsakten abgeleitet ist, welche alle gemein haben, von der Vorstellung begleitet zu sein, daß *ich* es bin, der sie vollzieht. In dieser transindividuellen Allgemeinheit liegt der Rechtsgrund für Kants Rede von der *objektiven* Einheit unseres Selbstbewußtseins. Abgesehen vom jeweils besonderen Inhalt desselben, bleibt nur die »schrankenlose Gleichheit [des Ich] mit sich selbst«. Sie hebt die Reflexivität in den Rang eines *Allgemeinen.* Diese ist mitnichten die Eigenschaft eines Einzelsubjekts, seine Objektivität beruht vielmehr ganz auf seiner Universalität. Etwas begreifen heißt: einer Mannigfaltigkeit von Vorstellungsgegebenheiten eine allgemeine (also nicht-individuelle) Form aufprägen, die alsdann allen, die sich mit ›ich‹ bezeichnen, in gleicher Weise verbindlich ist. – Andererseits aber dient das Pronomen ›ich‹ zur Bezeichnung der *»Einzelheit«* und *»absoluten Bestimmtheit«* unserer *»individuellen Persönlichkeit«*, deren jede jeder anderen entgegengesetzt ist. So umgreift der Ausdruck ›ich‹ mit seinen beiden Flügeln den abstrakten und universellen Selbstbezug des Bewußtseins *und* die individuierende Vereinzelung, kraft deren jedes Subjekt es selbst in seiner Einzigartigkeit und Verschiedenheit von allen anderen ist (*Logik,* Theorie-Werkausgabe, hg. Karl Markus Michel und Eva Moldenhauer, Ffm. 1969, Bd. II, S. 253-255). Diese der Semantik von ›ich‹ eigene Doppelgesichtigkeit wird uns noch eingehend beschäftigen. Sie spielt eine bedeutende Rolle in Ansätzen der analytischen *philosophy of mind,* z. B. als Unterscheidung eines allgemeinen, nicht-identifikatorischen und eines spezifizierenden, den Sprecher als Person identifizierenden Gebrauchs von ›ich‹. Wir werden uns der Frage zu stellen haben, ob, was wir mit ›Individualität‹ meinen, durch den identifikatorischen Gebrauch von ›ich‹ getroffen ist oder ob ›Individualität‹ eine ganz eigene, durch den analytischen ›Person‹-Begriff nicht erledigte Erklärungsanstrengung nötig macht. (Das letztere ist meine Überzeugung.)

Festhalten können wir jedenfalls, daß die Verwendungsregel des Pronomens ›ich‹ (samt der ihr einwohnenden cartesianischen Evidenz: wird das Wort ›ich‹ sinnvoll verwendet, ist ausgeschlossen, daß die damit gemeinte Entität nicht existiert) keine Vorgabe für die Individualisierung des bezeichneten Subjekts enthält. In einer noch vagen und begründungsbedürftigen Weise können wir sagen: *›Subjekt‹ (und ›ich‹) meinen ein Allgemeines, ›Person‹ ein Besonderes, ›Individuum‹ ein Einzelnes.* Diese Unterscheidung – wenn auch nicht die Art der Begründung, die wir für ihre Rechtfertigung vorsehen – entspricht übrigens der traditionellen, z. B. idealistischen Terminologie. ›Subjekt‹ meint in zahlreichen Texten Hegels ein Universale, z. B. in der Wendung vom ›absoluten Geist‹. Ebenso allgemein ist Fichtes ›absolutes Ich‹ oder Kants ›reine Apperzeption‹ (andernfalls könnte diesen Begriffen keine Prinzip-Natur zugesprochen werden). Individuell ist dagegen, was von jedem Universalitätsanspruch ausgenommen und aus einem Allgemeinen auch nicht bruchlos deduziert werden kann. Ein aus einem Allgemeinen Ableitbares nenne ich ein Besonderes, nicht ein Individuelles. Als Beleg für die Üblichkeit dieser terminologischen Ausgrenzungen (die freilich nicht gilt für die Unterscheidung von individuellem und besonderem Ich) führe ich eine Passage aus Schellings Münchener Selbstdarstellung (aus dem Wintersemester 1833/4) an:

Der erste Zustand des Ichs ist (...) ein außer-sich-Seyn. Hiebei ist noch zu bemerken (und dies ist ein sehr wesentlicher Punkt), daß das Ich, inwiefern es jenseits des Bewußtseyns gedacht wird, eben darum nicht das individuelle ist, denn zum individuellen bestimmt es sich eben erst im zu-sich-Kommen, also das jenseits des Bewußtseyns oder des ausgesprochenen Ich bin gedachte *Ich* ist für alle menschlichen Individuen das gleiche und selbe, es wird in jedem erst sein Ich, sein individuelles Ich, indem es eben in ihm zu sich kommt. Daraus, daß das jenseits des Bewußtseyns gedachte für alle Individuen dasselben ist, daß hier das Individuum noch nicht mitwirkt, daraus erklärt sich alsdann, warum ich für meine Vorstellung von der Außenwelt unbedingt, und ohne selbst erst eine Erfahrung darüber gemacht zu haben, auf die Uebereinstimmung aller menschlichen Individuen zähle (das Kind schon, das mir einen Gegenstand zeigt, setzt voraus, daß dieser Gegenstand ebensowohl für mich als für es existiren müsse). Allerdings nun indem das Ich zum individuellen wird – was eben durch das Ich bin sich ankündigt – angekommen also bei dem Ich bin, womit sein individuelles Leben beginnt, erinnert es sich nicht mehr des Wegs, den es bis dahin zurückgelegt hat, denn da das Ende dieses Wegs eben erst das Bewußtseyn ist, so hat es (das jetzt individuelle) den Weg zum Bewußtseyn selbst bewußtlos und ohne es zu wissen zurückgelegt. Hier erklärt sich die Blindheit und Nothwendigkeit seiner Vorstellungen von der Außenwelt, wie dort die Gleichheit und Allgemeinheit derselben in allen Individuen (F. W. J. Schellings *sämmtliche Werke*, hg. von K. F. A. Schelling, Stuttgart 1856-1861, I/10, 94).

In diesem Passus wird, wie in der gesamten Tradition, zwar ein bruchloser Ableitungszusammenhang zwischen dem allgemeinen und dem individuellen (also, in der vorgeschlagenen Terminologie, dem besonderen) Ich unterstellt; die beiden werden aber semantisch klar unterschieden. Wenn ich im folgenden zunächst kursorisch den erkenntnis-theoretischen Ansichten über Subjektivität mich zuwende (ich vermeide den Ausdruck ›Ichheit‹, weil es auch nicht-egologische Subjekt-Theorien gibt), so verstehe ich unter Subjektivität die *allgemeine* Struktur einer selbstbewußten Spontaneität, wie sie *allen* Menschen gemeinsam ist.

Subjektivität als Bewußtsein vom Ich oder als Bewußtsein von Bewußtsein[1]

Nicht erst Foucault und Derrida haben darauf aufmerksam gemacht, daß der Begriff des Subjekts kein formal-semantisches Apriori verkörpert, sondern eine neuzeitliche »Erfindung« ist. Schelling hatte das in seinen Erlanger und Münchener Vorlesungen über die Geschichte der neueren Philosophie bereits gelehrt, und Heideggers Spätwerk besteht weitgehend in der Ausschlachtung dieser begriffsgeschichtlichen Beobachtung. Heideggers Originalität liegt weitgehend darin, daß er die Geburt des Subjekts in der Neuzeit – bei Descartes – in die Prokreations- und Schwangerschaftsgeschichte derselben zurückverfolgt.[2] Er sieht darin die konsequente Ausfaltung einer frühabendländischen Keimidee, die zuerst in Parmenides' Engführung von Sein (gedacht als Vorhandenheit) und Vernehmen (νοεῖν) des Seins aufleuchtet. Bei Platon ist die Sicht (ἰδέα) des Seins in seinem Wesen

1 In diesem Kapitel diskutiere ich, weitgehend gestützt auf die Vorarbeiten Dieter Henrichs, einige wesentliche Theorien der Subjektivität. Ich bin aufgefordert worden, diese für nützlich befundene Zusammenfassung nicht zu unterdrücken. Der mit den Gedanken der »Heidelberger Schule« vertraute Leser mag sie aber getrost überschlagen.

2 Ich beziehe mich im folgenden vor allem auf drei Texte: *Die Zeit des Weltbildes* (in: *Holzwege*, Frankfurt/Main 1950, S. 69-100), *Platons Lehre von der Wahrheit*, Bern ²1954, vor allem S. 31 ff. und *Die Grundprobleme der Phänomenologie* (*GA* Bd. 24), S. 172 ff.

(οὐσία, εἶδος) das »eigentlich Seiende« (τὸ ὄντως ὄ), das sich von seinem Gegenstand in eigentümlicher Weise emanzipiert oder über denselben übergreift. Im Hintergrund dieser theoretischen Weichenstellung steht die Metapher des geistigen Blicks: ein ›Sein‹ wird von einer Sicht in seinem Wesen vernommen. Es erschließt sich einem ideierenden Blick in seiner Wahrheit (»Unverborgenheit«). Der Logos drückt diese Wahrheit aus, indem er die Elemente der Sicht in eine Ordnung des Wissens versammelt. Platon, meint Heidegger, habe das Wahrheitsgeschehen des Seins zuerst unters Joch der (bereits virtuell subjektivierten) Sicht – der Idee – gebeugt. Die Sicht entscheidet über das Maß des Vernehmens; Richtigkeit und Angemessenheit der geistigen Schau lösen die Idee des ursprünglichen Ein-leuchtens des Seins in der (ihr gegenüber unselbständigen) Sicht – *idéa* – ab. So wird der Weg geebnet für eine vorstellungs-theoretische Uminterpretation der Verwiesenheit von (Wahr-)Sein auf Vernommenwerden. Die Vor-stellung gegenwärtigt ein Vor-gestelltes, ein ob-jectum. Der Schritt zur Subjektivierung der Philosophie wird getan, sobald man die Vorstellung als selbstreflexiv denkt (z. B. als Leibnizsche »aperception«) oder sie einem Subjekt als Eigentümer zuschreibt. Diesen Schritt habe Descartes vollzogen. Ihm ist Vorstellen (cogitare) die Tat eines Vorstellenden, eines Ich, welches vorstellt. Das Vorstellen erwirbt die ihm zuerkannte Evidenz überhaupt erst in der Flexionsform der ersten Person Singular: *cogito.* Noch für Kant sind ›denken‹ und ›Vom-Ich-begleitet-sein-Können‹ Synonyme. So avanciert das Subjekt – ursprünglich die lateinische Übersetzung von ὑποκείμενον – zum Grund der Einsichtigkeit von Welt: es wird *fundamentum inconcussum* alles wahrheitsfähigen Vorstellens. Hegels Vorrede zur *Phänomenologie des Geistes* wird diese Bedeutungsverschiebung mit der Wendung besiegeln, die Substanz sei eigentlich als Subjekt zu denken (hg. Joh. Hoffmeister, Hamburg 1956, S. 19 und 24). Bei Leibniz findet sich erstmals die Nominalisierung des Pronomens der ersten Person singularis: »(...) c'est le souvenir, ou la connoissance de ce *moy,* qui la [sc.: l'âme] rend capable de chastiment et de recompense« (§ 34 des *Discours de Métaphysique*). Das Subjekt ist als *das* Ich identifiziert, als das Kant und Fichte es behandeln werden. Den Übergang vom Subjekt des Vorstellens zum nominalisierten Ich leistet offensichtlich der Gedanke der Selbstreflexivität des Vorstellens, über welche Foucault uns wertvolle Aufschlüsse geliefert hat.[1] Den ersten Schritt tut Leibnizens Prägung ›aperception‹. Sie wird im vierten Paragraphen der *Principes de la Nature et de la Grace* definiert als »la Conscience, ou la connoissance reflexive de cet état intérieur«. Kant, der Ichheit stets mit Selbstreflexivität identifiziert hat, hat diese Definition übernommen, vielleicht durch Anregung von C. A. Crusius, der – entschiedener als Christian Wolff – vom Bewußtsein als von einer Vorstellung von Vorstellungen spricht (*Entwurf der nothwendigen Vernunft-Wahrheiten, wiefern sie den zufälligen entgegen gesetzet werden*, Leipzig 1745, S. 863). Kant notiert in einer Reflexion aus dem Jahre 1769 (Nr. 3929): »Eigentlich ist die Vorstellung aller Dinge die Vorstellung unseres eigenen Zustandes (...).« Oder: »Das Bewußtsein ist ein Wissen dessen, was mir zukommt. Es ist eine Vorstellung meiner Vorstellungen, es ist eine Selbstwahrnehmung« (*Immanuel Kants Vorlesungen über die Metaphysik*, hg. K. H. L. Pölitz, Erfurt 1821, S. 135; vgl. U. Pothast, *Über einige Fragen der Selbstbeziehung*, Ffm. 1971, S. 14f.). Nimmt man hinzu, daß Kant überzeugt war, keine Vorstellung sei möglich ohne das aktive Eingreifen des Verstandes, der ihr Mannigfaltiges unter Einheitsgesichtspunkte bringt, stößt man auf die Wendung vom »Ich denke«, das alle Vorstellungen muß begleiten können. So ist das Bewußtsein (im Leibnizschen Sinne als Apperzeption oder Reflexivität des Vorstellungsvermögens) gleichermaßen einheitsstiftende Spontaneität und Selbstwahrnehmung dieser Spontaneität. Auf diese Weise erklärt sich auch, warum das ›Ich denke‹ zugleich als Selbstreflexion des Bewußtseins *und* als Vorstellen von etwas (anderem als dem Bewußtsein) verstanden werden kann. Das ›Ich denke‹ besteht in der unauflöslichen Doppelung von »Wahrnehmung überhaupt« und Denken, welches sich selbst gewahrt (»Selbstwahrnehmung«).

Kants Definition von Subjektivität ist maßgeblich geblieben für die Philosophie seiner Nachfolger; und noch dort, wo sie Kritik üben, geschieht es im paradigmatischen Rahmen seines Ansatzes. Das gilt auch für Kants Unterscheidung des reinen vom empirischen Subjekt. In der Preisschrift über die Fortschritte der Metaphysik seit Leibniz und Wolff nennt er die ontologische Verfaßtheit des Ich-überhaupt *personalitas transcendentalis*, in Abgren-

1 Ich habe sie ausführlich zitiert und interpretiert in *Was ist Neostrukturalismus?* (Frankfurt/Main 1983, 8. Vorlesung).

zung von der *personalitas psychologica,* dem empirischen, in der Zeit wechselnden Ich, welches er auch als »Ich der Apprehension« bezeichnet. ›Apprehension‹ meint Wahrnehmung, Erfahrung eines Seienden vom Typ der innerweltlich vorhandenen Dinge. Das empirische Ich ist nur unter Bedingung eines es gewahrenden reinen Ichs, von dessen Intelligibilität die seine gleichsam geborgt ist. Damit ist die Psychologie als positive »Kenntnis des Menschen, nur auf die Bedingung eingeschränkt, sofern er sich als Gegenstand des innern Sinnes kennet«, auf einen gegenüber der Transzendalphilosophie abkünftigen Rang verwiesen (Kant, *Werke,* hg. von W. Weischedel, Theorie-Werkausgabe, Wiesbaden 1958, Bd. VI, S. 648). Mehr noch: das empirische Ich empfängt alle Bestimmungen, durch welche es sich als innerzeitliches Objekt konkretisiert, von seiten des reinen. Von letzterem ist keine Eigenschaft auszusagen (*KrV,* B 404); von ihm gilt nur, »daß es ist«, nicht, »wie es sich erscheint« (vgl. §§ 24/25 der transzendentalen Deduktion in der B-Fassung).

Ich bin mir meiner selbst bewußt, ist ein Gedanke, der schon ein zweifaches Ich enthält, das Ich als Subjekt, und das Ich als Objekt. Wie es möglich sei, daß ich, der ich denke, mir selbst ein Gegenstand (der Anschauung) sein, und so mich von mir selbst unterscheiden könne, ist schlechterdings unmöglich zu erklären, obwohl es ein unbezweifeltes Faktum ist. (...) Es wird dadurch aber nicht eine doppelte Persönlichkeit gemeint, sondern nur Ich, der ich denke und anschaue, ist die Person, das Ich aber des Objektes, was von mir angeschauet wird, ist, gleich andern Gegenständen außer mir, die Sache (Theorie-Werkausgabe, VI, S. 601).

Darin ist eingeschlossen, daß das Ich, als Subjekt des Denkens und als Ermöglichungsbedingung von Objektivität, kein Gegenstand der Psychologie, nämlich kein gegenständlich Existierendes sein kann. (Diesen Zug unterstreicht Kant auch im ethischen Kontext: Das reine Ich ist *personalitas moralis,* ein nur als Zweck, nie als Mittel oder Gegenstand zu behandelndes lauteres Tun.) Das kantische Ich ist keine Substanz, wie Descartes' *substantia cogitans* oder Leibnizens Monaden-Substanz. Seine Seinsauszeichnung ist die Intellektualität, und »intellektuell ist, dessen Begriff ein Tun ist« (Refl. Nr. 968), kein Vorhandensein. Fichte und Novalis werden sagen, das Ich sei Tathandlung, nicht Tatsache. Dann entsteht aber das Problem, dem Selbstbewußtsein, welches dem Begriff des (kantischen) Ich unabdingbar verbunden ist, einen

Erkenntnismodus zuzuweisen, der von demjenigen des vergegenständlichenden Vor-stellens radikal verschieden ist. Kant verfügt jedoch nur über den Begriff des Vorstellens und seiner Selbstreflexivität, die ihrerseits bestimmt war als »Vorstellen des Vorstellens«. Damit würde eine Dualität von Polen ins Selbstbewußtsein eingeführt, die der Undinglichkeit seiner reinen Subjektnatur widerspricht (Ich wäre, was sich selbst als Objekt vor-stellt; gerade dieses aber kann kein reines Subjekt sein). So scheint sich in Kants Bestimmung der ontologischen Verfassung von Subjektivität der frühabendländische Anschluß an die optische Metapher vom Bewußtsein als Vorstellen eines Gegenstandes in fataler Weise in Erinnerung zu bringen.

Tatsächlich muß man sehen, daß das Vorstellungs-Modell des Bewußtseins durch die Art und Weise, wie unsere Umgangssprache uns darüber zu sprechen anleitet, nahegelegt wird. Wir bedienen uns ständig reflexiver Pronomina, wenn wir auf uns als Subjekte Bezug nehmen; und jedes Pro-nomen steht, wie die Wortbedeutung der grammatischen Kategorie anzeigt, *für* ein Nomen, welches seinerseits auf gegenständlich Seiendes verweist. Jedes Vorstellen ist Vorstellen von etwas (anderem als der Vorstellung selbst). Wird Bewußtsein seinerseits nach dem Repräsentations-Modell beschrieben, so wird an die Stelle des pronominalen Ausdrucks ›etwas‹ das Vorstellen selbst eingesetzt. Es ist gleichsam ›in seiner eigenen Sicht‹. So wird jeder Bewußtseinsvollzug mit dem Vorstellen eines Gegenstandes identifiziert, von dem in diesem besonderen Fall lediglich gelten soll, daß es sich um das (verdinglichte) Bewußtsein selbst handelt. Dieses Sich-selbst-Vorstellen des Bewußtseins nennt die philosophische Tradition *Reflexion.* Wir können also vom Reflexions-Modell des Selbstbewußtseins sprechen.

Es liegt schon bei Descartes und Leibniz klar zutage. Descartes hat die Apodiktizität und Evidenz des cogito für das Resultat einer Reflexion gehalten. Burman überliefert uns folgendes Gespräch:

Burman: (...) de quelle manière pouvez-vous être conscient, puisque être conscient c'est penser? Pour penser ceci, que vous êtes conscient, vous passez à une autre pensée, et ainsi, vous ne pensez pas plus longtemps à la chose à laquelle vous pensiez auparavant, et ainsi vous n'êtes pas conscient de penser, mais d'avoir pensé.
Descartes: Etre conscient, c'est assurément penser et réfléchir sur sa pensée, mais que cela ne puisse se faire tant que subsiste la pensée précé-

dente, c'est faux, parce que, comme nous l'avons déjà vu, l'âme peut penser plusieurs choses en même temps, persévérer dans sa pensée, et toutes les fois qu'il lui plaît réfléchir sur ses pensées, ainsi, être consciente de sa pensée (*Œuvres et lettres*, l. c., S. 1359).

Descartes räumt hier ein, daß das Bewußtsein, welches vom Vorstellen *(cogitare)* besteht, aus einer Reflexion auf dieses Vorstellen entspringt. (Er leugnet lediglich den Zeitenabstand, der sich zwischen Vollzug und Achthaben auf den Vollzug höhlt.) Diese Autorepräsentation des Vorstellens nennt er auch »inspection de l'esprit« (z. B. l. c., S. 376) oder »témoignage intérieur« (l. c., S. 899). Er mag dieses Selbstgewahren allemal als *»unmittelbar (immédiat«)* (l. c., S. 390, 574) qualifizieren; wahr bleibt doch, daß dessen Struktur deutlich zweigliedrig ist. Das bezeugen durch ihre bloße Grammatik Wendungen wie »me esse rem cogitantem certo scio« oder »Ainsi donc, lorsque quelqu'un aperçoit qu'il pense et que de là il suit très évidemment qu'il existe« etc. (l. c., S. 527). In ihnen allen wird ein Objekt des Wissens (die *cogitatio* als solche) vom Wissen als Subjekt unterschieden. Das ist die klassische Struktur der Reflexion als Selbstbezüglichkeit des Vorstellens.

Die Tendenz verstärkt sich noch, wenn man den Blick aufs Werk Leibnizens wendet. Leibniz unterscheidet in aller Ausdrücklichkeit

entre la *Perception*, qui est *l'état intérieur* de la Monade représentant les choses externes, et *l'Aperception*, qui est la *Conscience* ou la connaissance *réflexive* de cet état intérieur. (...) Et c'est faute de cette distinction, que les Cartésiens ont manqué, en comptant pour rien les perceptions, dont on ne s'aperçoit pas comme le peuple compte pour rien les corps insensibles (*Principes de la Nature et de la Grâce*, § 4; vgl. *Monadologie*, §§ 23 und 30).

Das Problem besteht in der Schwierigkeit anzugeben, wie eine als »insensible« gekennzeichnete Wahrnehmung im Zuge ihres Reflexionsprozesses (»[dès] qu'on *s'aperçoit* de ses perceptions« [*Monadologie*, § 23]) bewußt (»sensible«) gemacht werden könne, wenn nicht schon zuvor ein (wiewohl nicht auf Apperzeption beruhendes) Bewußtsein von ihr bestanden hat. Oder in anderen Worten: müßte ich das Licht der Reflexion abwarten, um zu wissen, daß ich soeben eine Wahrnehmung gehabt habe, so würde ich überhaupt nicht wahrnehmen können. Denn entweder *habe* ich eine Wahrnehmung, dann dürfte sie nicht »insensible« genannt werden; oder ich besitze kein Wahrnehmungsbewußtsein und nehme alsdann ganz einfach nicht wahr. Gewiß hat Leibniz recht, wenn er sagt, daß ich, um wahrzunehmen, durchaus nicht nötig habe, auf die Wahrnehmung zu *reflektieren;* das besagt aber mitnichten, daß meine Wahrnehmungen ursprünglich unbewußt gewesen und erst durch die reflexive Zuwendung ins Bewußtsein gehoben worden wären; es besagt vielmehr, daß jedes Bewußtsein *unmittelbar* auch Bewußtsein seiner selbst einschließt, ohne daß es dazu einer zusätzlichen Selbst-Vorstellung (Auto-repräsentation) bedürfte. Der schlagende Beweis dafür besteht darin, daß ein durch den Selbst*bezug* definiertes Bewußtsein eben damit auf ein anderes Bewußtsein verwiesen wäre (so wie die »pensée d'une certaine manière« bei Descartes auf das Denken-überhaupt als seine »substance« verwiesen ist [*Œuvres et lettres,* l.c., S. 897, 284, 287, 289f.]) – auf ein Bewußtsein, für welches das gleiche Erfordernis gälte, das also, um zu sein, was es ist, auf ein drittes Bewußtsein angewiesen wäre, und so *ad infinitum.* Nun *besteht* Bewußtsein, also kommt das Reflexions-Modell als Erklärung des Phänomens nicht in Betracht.

Descartes selbst läßt in vereinzelten Andeutungen erkennen, daß ihm die Schwierigkeiten des Modells nicht ganz verborgen geblieben sind. So schreibt er in den *Réponses de l'auteur aux sixièmes objections (...):*

> C'est une chose très assurée que personne ne peut être certain s'il pense et s'il existe, si, premièrement, il ne connaît la nature de la pensée et de l'existence. Non que pour cela il soit besoin d'une science réfléchie, ou acquise par une démonstration, et beaucoup moins de la science de cette science, par laquelle il connaisse qu'il sait, et derechef qu'il sait qu'il sait, et ainsi jusqu'à l'infini, étant impossible qu'on puisse jamais avoir une telle d'aucune chose que ce soit (l. c., S. 526/7).

Aus dieser aporetischen Beobachtung zieht Descartes nun aber keineswegs den Schluß, daß Selbstbewußtsein *nicht* nach dem Modell eines Vorstellens der eigenen Vorstellung gedacht werden dürfe. Er fährt vielmehr unter Rückgriff auf dies Paradigma wie folgt fort: »mais il suffit qu'il sache cela par cette sorte de connaissance intérieure qui précède toujours l'acquise (...).« Jede Erkenntnis (»connaissance«) ist Vorstellung eines von ihr unterschiedenen Objekts. Wird das Objekt einmal von ihr unterschieden, wird kein Kunstgriff mehr zu zeigen vermögen, daß es zugleich von ihr *nicht* unterschieden sein darf, um im radikalen Sinne *Subjekt* von Erkenntnis zu heißen.

Wenn aber dies gründende Subjekt ungegenständlich ist, wie soll man es mit dem einzigen aus der neuzeitlichen Tradition zuhandenen Werkzeug, dem Repräsentations-Modell, verständlich machen?

Der erste, der sich der Dimension des hier gestellten Problems in nachweisbarer Form bewußt geworden ist, war bekanntlich Johann Gottlieb Fichte. Er hat, Bezug nehmend auf Kant, der – auf höherer Ebene – erneut in den Descartesschen und Leibnizschen Zirkeln sich verstrickt hat[1], das Scheitern des Reflexions-Modells mit aller Deutlichkeit entlarvt. Wenn, sagt er im *Versuch einer neuen Darstellung der Wissenschaftslehre* (sowie in den zwei erhaltenen studentischen Nachschriften des zugehörigen Kollegs über die *Wissenschaftslehre nova methodo*), Kants These, daß jedes Vorstellen von etwas ein Sich-selbst-Vorstellen zur Voraussetzung hat, so verstanden werden müßte, daß, um Bewußtsein von mir zu gewinnen, ich mein eigenes Bewußtsein zum Objekt eines neuen Bewußtseins machen müßte, so würde ich überhaupt nie zum Selbstbewußtsein kommen. Denn für das neue Bewußtseinssubjekt gälte alsdann erneut, daß es, um seiner bewußt zu werden, eines weiteren Bewußtseinssubjekts bedürfte, das aber unbewußt wäre, bis ein viertes Bewußtsein sich reflexiv ihm zuwendete, und so *in infinitum* (Fichtes *Werke*, hg. von I. H. Fichte, Berlin 1845/46, Bd. I, S. 526/7; Fichtes *Nachgelassene Schriften*, hg. von Hans Jacob, Berlin 1937, Bd. II, S. 356; Fichte, *Wissenschaftslehre nova methodo*, Kollegnachschrift K. Chr. Fr. Krause, hg. von Erich Fuchs, Hamburg 1982, S. 30f.). Nun *ist* aber Selbstbewußtsein. Also muß – da ein Phänomen nicht falsch sein kann – das zugrundeliegende Modell, wonach *alles* Bewußtsein sich seinem Objekt entgegensetzt, unhaltbar sein. Es ist unhaltbar, heißt: sein Gegenteil gilt. »Sonach gilt folgender Satz: es giebt ein Bewusstseyn, in welchem das Subjective und das Objective gar nicht zu trennen, sondern absolut Eines und ebendasselbe sind. Ein solches Bewusstseyn sonach wäre es, dessen wir bedürfen, um das Bewusstseyn überhaupt zu erklären« (*Werke*, l. c., I, S. 527).

Mit dieser Einsicht hebt der deutsche Idealismus an. Er hat

1 Ich habe das ausführlich dargestellt und belegt in meiner *Einführung in Schellings Philosophie*, Kapitel II und III, Frankfurt/Main 1985.

unleugbar gegenüber der hilflosen Orientierung an der optischen Metapher der Intro-spektion und der Selbst-wahrnehmung als gewaltiger Fortschritt im Bewußtsein der ontologisch-gnoseologischen Verfaßtheit von Subjektivität zu gelten: Subjektivität ist, wenn sie ist, nicht der Niederschlag einer auf sie gerichteten Vorstellung (also nicht das Werk einer Reflexion). Subjektivität ist vielmehr *unmittelbar* mit sich bekannt – und die Reflexionspronomina, die sich in diese Formulierung schleichen, müssen als Fallen betrachtet werden, die uns die Sprache stellt.

Indessen bleibt diese Beobachtung doch nur negativ. Fichte ist es, wie Henrich in tiefeindringenden Analysen gezeigt hat[1], nicht wirklich gelungen, dem von ihm entdeckten Scheitern des Reflexions-Modells seinerseits zu entrinnen. Immer noch hat er – in seinen positiven Gegenentwürfen – den Akt vom Bewußtsein des Akts oder die Tätigkeit von dem ihr ›eingesetzten Auge‹ unterschieden. Bewußtsein und Blick (erneutes Aufblitzen der optischen Metaphorik!) können nur vermittels eines begrifflichen »als« artikuliert werden: ich weiß oder sehe etwas *als* etwas. Durch es allein ist aber der behaupteten Unmittelbarkeit des Bewußtseins widersprochen. Das gilt erst recht von der Formel der »intellektuellen Anschauung«, die erneut mit einem zweigliedrigen Term ein wesenhaft einstelliges Gebilde zu beschreiben sucht, in dem, wie Fichte zu recht fordert, Subjekt und Objekt absolut nicht mehr als unterschieden gedacht sein dürfen. – Wenn Selbstbewußtsein nicht durch die Als-Struktur charakterisiert werden kann, so darf es überhaupt nicht länger als begriffliches Wissen beschrieben werden (jeder Begriff bezieht sich mittelbar – kraft eines vielen Gegenständen gemeinsamen Merkmals – auf einen Vorstellungsinhalt). Es darf ferner nicht als Ergebnis einer Identifikation betrachtet werden (denn jede Identifizierung setzt eine Zweiheit von Relaten voraus, deren Semantik – soll die einfache Tautologie ausgeschlossen werden – distinkt sein muß). Schließlich muß man sich hüten, es als Ergebnis einer intentionierten Handlung zu beschreiben (jedes zielgerichtete Unternehmen ist mittelbar; das Ziel der Handlung muß im Falle des unmittelbaren Selbstbewußtseins [als der

1 Dieter Henrich, *Fichtes ursprüngliche Einsicht*, Frankfurt/Main 1967; ders., *La Découverte de Fichte*, in: *Revue de métaphysique et de morale*. Année 72, 1967, n° 2, S. 154-169.

Voraussetzung jedes Bewußtseins-von-etwas] aber schon unmittelbar, vor ihrer Ins-Werk-Setzung, bekannt und sogar realisiert gewesen sein).

Man kann vermuten – und hat es getan[1] –, daß Fichtes eigene Schwierigkeiten mit dem Phänomen der selbstbewußten Subjektivität mit seiner aus der Descartes-Leibniz-Kantschen Tradition ihm zugespielten Auffassung zusammenhängen, wonach Subjektivität mit dem Term ›Ichheit‹ umschrieben werden müsse (oder vielmehr mit ihm ein Synonymen-Paar bilde). Ichheit, sagt Fichte, besteht in der Struktur der Rückwendung der intelligenten Tätigkeit in sich selbst.

Ich bediene mich statt des Wortes Intelligenz lieber der Benennung: Ichheit; weil diese das Zurückgehen der Thätigkeit in sich selbst für jeden, der nur der geringsten Aufmerksamkeit fähig ist, am unmittelbarsten bezeichnet (*WW* I, S. 530).

Wir sagten, daß mit ›ich‹ ein jeder Sprecher sich selbst bezeichnet. Damit er das mit cartesianischer Evidenz tun kann, muß – so scheint es – eine vorgängige Vertrautheit mit dem Gegenstand der Bezugnahme gesichert sein, sonst könnte die Verwendungsregel des Pronomens nicht angewandt werden. So bewegt sich die Definition in einem Zirkel: alles, was sie zur Erschließung der Bedeutung von Ichheit anführt, mußte zuvor schon demjenigen, der sie konkret einlösen will, bekannt gewesen sein. So schließt sich der eben von Fichte durchschaute circulus in probando aufs neue: Ich ist, was auf sich verweist. Aber nur derjenige Selbstverweis kann als Ich erkannt werden, der vor der Verweisung schon seinen Referenten erreicht hatte bzw. mit ihm bekannt war.

Diese Variante des Reflexionszirkels ist vermeidbar, wenn man erstens von der Nominalisierung des Pronomens (›*das* Ich‹) abrückt und zweitens sich klarmacht, daß der Zirkel sich nur ergibt,

1 Dieter Henrich, *Selbstbewußtsein. Kritische Einleitung in eine Theorie,* in: *Hermeneutik und Dialektik. Aufsätze I,* hg. von R. Bubner, K. Cramer, R. Wiehl (FS für H.-G. Gadamer), Tübingen 1970, S. 257-284, hier vor allem: 263 ff. Ich stütze mich im folgenden, explizit und implizit, auf diesen Text, dem auch die Arbeiten von Ulrich Pothast, *Über einige Fragen der Selbstbeziehung,* Frankfurt/Main 1971, sowie Konrad Cramer, *»Erlebnis«. Thesen zu Hegels Theorie des Selbstbewußtseins mit Rücksicht auf die Aporien eines Grundbegriffs nachhegelscher Philosophie* (in: *Stuttgarter Hegeltage 1970*, hg. von Hans-Georg Gadamer, Bonn 1974, S. 537-603), die einzelne Details näher ausführen, verpflichtet sind. Die gemeinsamen Quellen sind freilich Dieter Henrichs Heidelberger Seminare und Vorlesungen über das Thema des Selbstbewußtseins.

wenn man a) die Selbstanwendung von ›ich‹ für den Fall einer Identifikation hält, die etwas mit etwas (anderem) durch einen echten Erkenntnisprozeß gleichsetzt, und b) glaubt, der Referent von ›ich‹ könne nicht ebensogut aus der ›er‹-Perspektive anvisiert werden (diesmal durch Identifikation der Person). Im Falle 2a würde zusätzlich angenommen, nur ›ein Ich‹ selbst könne wissen, daß es ein solches sei, nicht aber anderswer (vgl. dazu Ulrich Pothast, l. c., S. 23 ff.). Ist das nicht der Fall, muß aus dem Gebrauch von ›ich‹ keineswegs der Zirkel entstehen, in dem Fichtes egologische Explikation von Subjektivität sich erneut verstrickt.

Es gibt also gute Gründe, den Rekurs aufs Ich fallen zu lassen und den Ausdrücken *Subjekt* und *Selbstbewußtsein* eine andere Bedeutung zuzulegen, etwa die: ›unmittelbares Bewußtsein, das von diesem Bewußtsein selbst besteht‹. Ich werde diese Theorien unter dem Titel ›nicht-egologische Selbstbewußtseins-Theorien‹ abhandeln.

Theorien, wonach ›Selbstbewußtsein‹ meint: ›Bewußtsein vom Ich‹, sind außer von Kant und Fichte vom gesamten Neukantianismus, aber auch, während einer Epoche seines Philosophierens, von Bertrand Russell vertreten worden.

Ich werde sie, die zum Teil schon von Pothast und Cramer detailliert analysiert worden sind, nur aus Gründen der Vollständigkeit summarisch in meine Skizze einbeziehen. Im Gegensatz zu Fichte[1] nehmen die erwähnten Autoren an, Selbstbewußtsein – verstanden als Bewußtsein vom Ich – sei der Bezug eines Seienden auf ein von ihm Verschiedenes. Die Schwierigkeiten, welchen Theorien dieses Typs begegnen, werden uns zu der grundsätzlicheren Frage führen, ob Selbstbewußtsein (es werde gedacht als Ichbewußtsein oder als Bewußtsein von sich) überhaupt unter Rekurs auf die Kategorie der Relation verständlich gemacht werden kann, zumindest aber: ob die Relation eine *ursprüngliche* Eigenschaft des Subjekts ist.

Von letzterem ist Heinrich Rickert überzeugt. Da er über keinen anderen Begriff von ›Erkenntnis‹ verfügt als den, der ein vom Erkenntnissubjekt *verschiedenes* Erkenntnisobjekt als Korrelat fordert (*Der Gegenstand der Erkenntnis*, Tübingen ³1915, S. 1), muß der Satz »Ich weiß von mir«, soll er nicht in »die ewige

1 und zu Kant, so wie Fichte ihn liest: »Kant hatte sie [die intellektuelle Anschauung], nur reflectirte er nicht darauf; Kants ganze Philosophie ist Resultat dieser Anschauung« (*Wissenschaftslehre nova methodo*, Krause-Nachschrift, l. c., S. 32).

Paradoxie« führen, durch die »Annahme einer Teilbarkeit des psychischen Subjekts« verständlich gemacht werden, »und dann steht seiner Zerlegung in Subjekt und Objekt grundsätzlich nichts im Wege« (l. c., S. 42f.). Die aus der Vorstellungs-Theorie des 17. und 18. Jahrhunderts übernommene Prämisse, wonach das Bewußtsein ein von ihm unterschiedenes Objekt vor sich stellt, ist aber gänzlich ungeeignet, unsere Vertrautheit nicht mit anderem, sondern mit uns selbst verständlich zu machen.

Man findet diese Prämisse bei anderen Neukantianern wieder, z. B. bei Paul Natorp, der Bewußtsein als Beziehung eines Inhalts auf ein Subjekt definiert. Diese Beziehung hält sich durch, während die Inhalte wechseln. Nun ist das Subjekt kein Inhalt und insofern kein Vorstellungs-Gegenstand (seine Seinsweise ist ungegenständlich):

> (...) es zeigt sich eben darin nur sich selber gleich, daß wohl Anderes ihm, aber nie es selbst einem Anderen bewußt sein kann. Es kann selbst nicht Inhalt werden und ist in nichts dem gleichartig, was irgend Inhalt des Bewußtseins sein mag. Es läßt sich eben darum auch gar nicht näher beschreiben; denn alles, wodurch wir das Ich oder die Beziehung darauf zu beschreiben versuchen könnten, würde doch nur aus dem Inhalt des Bewußtseins genommen werden können und also es selbst, das Ich, oder die Beziehung auf dasselbe, nicht treffen. Anders ausgedrückt: jede Vorstellung, die wir uns vom Ich machen würden, würde dasselbe zum Gegenstande machen. Wir haben aber bereits aufgehört, es als Ich zu denken, indem wir es als Gegenstand denken. Ich-sein heißt nicht Gegenstand, sondern allem Gegenstand gegenüber dasjenige sein, dem etwas Gegenstand ist. Dasselbe gilt von der Beziehung auf das Ich. Bewußt-sein heißt Gegenstand für ein Ich sein: dies Gegenstandsein läßt sich nicht selbst wiederum zum Gegenstand machen (*Einleitung* in die *Psychologie nach kritischer Methode,* S. 11 ff.).

Diese Position kann sich mit Recht auf Kant berufen, der im Paralogismen-Kapitel (z. B. A 402, B 404) sehr ähnliche Formulierungen gebraucht hatte; etwa wenn er dem Gedanken eine hohe Plausibilität bescheinigt, »daß ich dasjenige, was ich voraussetzen muß, um überhaupt ein Objekt zu erkennen, nicht selbst als Objekt erkennen könne, und daß das bestimmende Selbst, (das Denken) von dem bestimmbaren Selbst (dem denkenden Subjekt), wie Erkenntnis vom Gegenstande unterschieden sei«.

Die Schwierigkeit ergibt sich aber überhaupt nur unter der (unhaltbaren) Voraussetzung des Repräsentations-Modells, dessen Anlage das Subjekt von vornherein in die Position eines Gegenstandes (seiner selbst) drängt. Mit dem Aufweis der Existenz eines ungegenständlichen Bewußtseins wäre der unerträgliche Zirkel dieser Theorien vermieden.

Es ist merkwürdig zu sehen, daß eine sehr ähnliche Position auch außerhalb des neukantianischen Diskussionszusammenhangs vertreten wurde, nämlich von Bertrand Russell im Jahre 1914. Auch er hat vorgeschlagen, Bewußtsein als Beziehung eines Gegenstandes auf ein Ich (oder ein Subjekt) zu verstehen. Was immer in diesem Bezug sich hält, hat den Charakter der Vertrautheit (»acquaintance«). Sie findet aber immer nur zwischen einem Subjekt und einem von ihm verschiedenen Objekt statt. Das Subjekt der »acquaintance« ist mit sich selbst nicht ursprünglich vertraut. Um zu verstehen, warum Russell unter diesen Umständen überhaupt die Existenz eines Erkenntnis-Subjekts annimmt, muß man die kritische Zielsetzung seines Versuchs in den Blick bringen. Russell möchte sich von Positionen absetzen, die die Welt als ein Gesamt reiner Erfahrung (»a world of pure experience«) definieren. Nicht jedes Objekt wird aber erfahren (z. B. Gefühle, Willensakte, Begehrungen, Urteile sind keine Wahrnehmungsgegenstände). Außerdem gibt es Wahrnehmungen eines und desselben Gegenstandes, die aber von Subjekt zu Subjekt verschieden sind (die *mir* anders gegeben sind als *dir*). Dazu gehören endlich auch die Wahrnehmungen, die nicht auf Objekte gehen, sondern sich selbst thematisieren. Eine Selbstwahrnehmung ist von einer Objektwahrnehmung verschieden, und ich könnte niemals die Wahrnehmungen eines anderen Subjekts gewahren (wohl aber das Objekt, das er wahrnimmt). Russell folgert daraus:

Hence experiencing must be a relation, in which a term is the object experienced, while the other term is that which experiences. We might continue to call this relation ›experience‹, but we have employed the word ›experience‹ hitherto because it is a non-committal word, which seemed not to prejudge the issue of our analysis. Now, since we have decided that experience is constituted by a relation, it will be better to employ a less neutral word; we shall employ synonymously the two words ›acquaintance‹ and ›awareness‹, generally the former. Thus when *A* experiences an object *O*, we shall say that *A* is acquainted with *O* (*On the Nature of Acquaintance*, in: *Logic and Knowledge*, London 1956, S. 162).

In dieser Formel bezieht sich *A* auf »ein ›Subjekt‹« (l. c.); und Russell definiert ›Subjekt‹ als jede Entität, die mit etwas vertraut (»acquainted«) ist, das, womit sie vertraut ist, dagegen als »ein ›Objekt‹«. Für Russells Verwendung des Terms ›Subjekt‹ ist charakteristisch, daß er ihn von dem des Geistes, der Vernunft oder des Ego abgrenzt (nicht aber von dem des Ich). Unter Geist (»mind«) versteht er eine Entität, deren Seinsmerkmal die Permanenz im Zeitfluß ist (l. c., S. 163), während das Ego eine universelle Entität bezeichnet (l. c.). Dieser Ausdruck steht für jeden beliebigen Sprecher, der sich auf sich selbst bezieht, während das Pronomen der ersten Person singularis, nach Russells Ansicht, nur für die einzelne Person steht, die damit auf sich Bezug nimmt, und auch nur für den Augenblick, in dem sie es tut (Dauer und Gleichförmigkeit der Person sind also nicht impliziert). Russells ›Subjekt‹, dergestalt mit der Person in der Präsenz ihres Bewußtseinsvollzugs identifiziert, trägt mithin einen Index instantaner Aktualität. Es ist lediglich Subjekt von Erfahrungen, die ich gegenwärtig mache, und erlischt mit ihnen.

Ein weiteres Charakteristikum des Subjekts ist nach Russells Überzeugung seine »elusiveness« (l. c.). Damit ist gemeint, daß ich auf meine Erfahrungen, niemals aber direkt auf das Subjekt meiner Erfahrungen reflektierend mich beziehen kann. Nun *besteht* aber Kenntnis vom Subjekt der Vertrautheit. Sie muß also auf anderem Wege als dem durch direkte In(tro)spektion erklärt werden: durch »inference« (164, 173,$_3$). Wenn, wofür die Ausdrücke ›ich‹ und ›Subjekt‹ stehen, nicht in direkter Erfahrung zugänglich ist, muß eine Beschreibung (»description«) an ihre Stelle treten. Eine Beschreibung geht nicht auf ein Einzelding, sondern auf einen Sachverhalt bzw. eine Tatsache. Der elementare Sachverhalt, den Selbstvertrautheit zum Gegenstand hat, ist hier »the fact ›something is acquainted with *O*‹« (l. c., S. 164), also die Vertrautheit selbst. Sie besteht in einer »zweigliedrigen Relation zwischen einem Subjekt und einem Objekt« (l. c., S. 163,$_3$). Ich bin also, wann immer dieser Sachverhalt auftritt, berechtigt, aus ihm Beteiligung eines Subjekts zu erschließen, das mir übrigens direkt nicht zugänglich ist.

Ist dieser Schluß wirklich berechtigt? Zunächst fällt auf, daß er lediglich aus der Definition folgt, die Russell von der Natur der Vertrautheitsbeziehung gibt. Ist diese Definition triftig? Daran besteht Grund zu zweifeln. Wenn nämlich das Subjekt (welches per definitionem dem Objekt korreliert ist) niemals direkt zugänglich ist, könnte ich aus dem Faktum der Vertrautheit auch nie mit Evidenz aufs Darin-impliziert-Sein eines Subjekts schließen. Der Schluß ist also zumindest überstürzt. Es ist indessen lehrreich, ihn aus größerer Nähe zu betrachten.

Zunächst gibt Russell zu bedenken, daß die Instantaneität des Subjekts von der Vertrautheit verlangt, daß die auf sie gerichtete Reflexion eine ihr entsprechende Präsenz wahrt. In der Tat muß man zwischen einem Gegenstand, der sich der Erinnerung darbietet (und *als* Gegenstand nicht mehr gegenwärtig ist), und der Gegenwart eines Gegenstands unterscheiden, den ich aktuell gewahre. Es versteht sich, daß die reflexive Vertrautheit mit der nicht-reflektierten (ursprünglichen) Vertrautheit sich als Gegenwärtigsein einer Vertrautheit ersten Grades bei einer ebensolchen zweiten Grades darstellen wird.

What is psychologically involved in our acquaintance with the present experience? The least that is possible is obviously that there should be an experience of an object *O*, and another experience of experiencing *O*. This second experience must involve presence in the sense in which objects of sensation and perception are present and objects of memory are not present. Let us call this sens *P*. Then it is necessary that a subject should have the relation *P* to an object which is itself an experience, which we may symbolize by *S-A-O*. Thus we require an experience which may be symbolized by

S'-P-(S-A-O).

When such an experience occurs, we may say that we have an instance of ›self-consciousness‹, or ›experience of a present experience‹. It is to be observed that there is no good reason why the two subjects *S* and *S'* should be numerically the same: the one ›self‹ or ›mind‹ which embraces both may be a construction, and need not, so far as the logical necessities of our problem are concerned, involve any identity of the two subjects. Thus ›present experiences‹ are those experiences that have the relation of presence to the subject using the phrase (l. c., S. 166/7).

Der Sachverhalt, auf den reflektiert wird, ist also die Vertrautheit, nicht das Subjekt. Er artikuliert sich grammatisch als Proposition, bestehend aus einem singulären Terminus (dem Subjekt) und einem Prädikat oder generellen Terminus: dem Vertrautsein-mit-einem-Gegenstand. Die Reflexion auf die primäre Vertrautheit artikuliert sich aufs neue in einer höherstufigen Proposition: Ein Subjekt *(S')* verhält sich – in der Stellung der Reflexion – gegenwärtig *(P)* zu der Tatsache, daß ein primäres Subjekt *(S)* mit einem Gegenstand *(O)* vertraut ist *(A)*. Das symbolisiert Russells Formel.

Russell zögert nicht, diesen sekundären Sachverhalt als Selbstbewußtsein zu qualifizieren. Dagegen beeilt er sich anzufügen, daß das reflektierende Subjekt numerisch mit dem reflektierten Subjekt keineswegs identisch sein muß.

Wenn das der Fall ist, stellt sich die Frage, wie die Gegenwart eines Subjekts bei einem anderen die Bedeutung einer Beziehung nicht auf anderes, sondern auf *sich* annehmen kann. Tatsächlich spricht Russell von einem Fall von *Selbst*bewußtsein. Um das Reflexivum ›selbst‹ zu rechtfertigen, *muß* aber das Bewußtsein mit sich selbst numerisch identisch sein; andernfalls wäre vielleicht die Gegenwärtigkeit von *S'* bei *S*, nicht aber die Selbigkeit beider (die Tatsache, daß *S' S*-selbst ist) gewährleistet. Anders könnte das Subjekt der Reflexion ferner nie *wissen*, daß das, worauf es reflektiert, kein anderes, sondern es selbst ist.

Gewiß deutet Russell selbst auf die »logische Schwierigkeit«, die aus seinem Erklärungsversuch von Selbstbewußtsein sich ergeben könnte. Man könnte nämlich glauben, daß das Subjekt der Reflexion, an ihm selbst unbewußt, um ans Licht des Bewußtseins gezogen zu werden, seinerseits einer Reflexion bedürfte – wodurch man sich an eine Unendlichkeit von Reflexionen verwiesen sähe (l. c., S. 167,2). Russell glaubt, sie durch die Bedingung der Gleichzeitigkeit von *S'* mit *S* ausschließen zu können. Nimmt man hinzu den Gedanken, daß in einer Vertrautheitsbeziehung ersten Grades das Objekt wiederum dem Subjekt gegenwärtig sein muß, hätte man eine vollständige Gleichzeitigkeit zwischen dem ersten und dem zweiten Gegenstand der reflexiven Vertrautheit sichergestellt:

When an object is in my present experience, then I am acquainted with it; it is not necessary for me to reflect upon my experience, in order to be acquainted with it, but, on the contrary, the object itself is known to me without the need of any reflection on my part as to its properties or relations (l. c.).

Um gegenwärtig mit einem Gegenstand vertraut zu sein, muß ich also nicht auf die Vertrautheit reflektieren. Natürlich hindert nichts, daß ich *nachträglich* auf diese Vertrautheit ersten Grades reflektiere. Russell spricht von einer »subsequent reflexion« (l. c.,

S. 167,$_3$). Um den Prädikator ›nachfolgend‹ zu rechtfertigen, muß ein Zeitenabstand zwischen den beiden Vertrautheiten zugestanden werden. Dafür spricht in der Tat der folgende Satz: »first it [the object attended to] is actually given, and then reflection shows ›that which is given‹« (l. c., S. 168,$_1$).

Hier werden nicht nur zwei Momente, sondern auch zwei Zeitphasen *(erst – dann)* unterschieden, womit die prätendierte Zeitgleichheit von *S'* zu *S* gesprengt ist. Sind die beiden Subjekte aber zeitlich voneinander getrennt, sind sie nicht mehr unproblematisch als miteinander identisch bewußt (oder nur unter Einführung eines weniger rigorosen Sinns von numerischer Identität, als der es ist, den Russell zugrunde legt). So muß Russells Explikationsversuch für gescheitert angesehen werden.

Aus ihm läßt sich aber mit ausgezeichneter Plausibilität eine allgemeine Lehre ziehen, nämlich daß Selbstheit nicht aus dem Bestehen einer Relation gefolgert werden kann, deren Relata nicht beide – oder gar: prinzipiell nicht beide – direkt zugänglich sind. Ist im Bewußtsein nie ein Subjekt unmittelbar auszumachen, welches mit einem Gegenstand vertraut ist, hat es keinerlei Sinn, überhaupt von Vertrautheit zu sprechen (vgl. Henrich, *Selbstbewußtsein,* l. c., S. 264). Dieser Einwand trifft auch die neukantianischen Positionen. Wer eine unmittelbare Bekanntheit mit dem Ich leugnet, wird die Rede vom Subjekt der Erkenntnis niemals zirkelfrei aus dem Bestehen der Erkenntnisrelation, also aus dem Subjekt-Objekt-Modell, herleiten können. In diesem Modell bleibt nämlich prinzipiell unverständlich, wie ich Bewußtsein von einem Seienden ausmachen kann, für welches Gegenstände gegeben sind, das aber selbst nie gegenständlich gegeben ist. Wenn alles Bewußthaben Bewußthaben *von* etwas (anderem als dem Bewußtsein selbst) wäre, könnte Selbstbewußtsein nie stattfinden. Nun *haben* wir Selbstbewußtsein. Also muß das zugrunde liegende Modell unhaltbar sein.

Eine Reflexion könnte in der Rückwendung aufs Bewußtsein nur finden, was dort bereits vorhanden ist. In Novalis' Worten: »Was die Reflexion findet, scheint schon da zu seyn« (*Fichte-Studien,* Fragment Nr. 14). *Findet* die Reflexion Bewußtsein, so konnte das gefundene nicht *Un*bewußtsein sein (sonst hätte die Reflexion ihren Gegenstand – auf übrigens unerklärliche Weise – modifiziert, nicht aber freigelegt). Wenn es also wahr ist, daß wir reflexive Erkenntnis über unsere Subjektivität erlangen können, so ist eben dadurch schon sichergestellt, daß das gefundene Bewußtsein – von der Reflexion *explizit* gemacht – *implicite* mit sich bereits vertraut *war:* wir finden Vertrautheit, und nicht Unvertrautheit.

Russells Theorie teilt mit den neukantianischen die Überzeugung, daß Selbstbewußtsein erstens ein expliziter Bezug zwischen zwei Seienden ist und daß es zweitens im Bewußtsein von einem Ich besteht. Wenn diese Position ebenso für gescheitert gelten muß wie diejenige Fichtes, die die erste Prämisse nicht teilt (ihm ist Selbstbewußtsein ein nicht-relationales Bewußtsein vom Ich), scheint es nunmehr aussichtsreich, dem anderen Vorschlag sich zuzuwenden, demzufolge Selbstbewußtsein nicht Ichbewußtsein, sondern Bewußtsein ist, das von diesem selbst besteht.

Auch hier können wir wiederum Positionen ausmachen, die das Bewußtsein von Bewußtsein für den Fall einer Reflexion halten (ein Bewußtsein ist auf ein von ihm gesondertes anderes Bewußtsein bezogen), und solche, die Bewußtsein von Bewußtsein für irreflexiv und irrelational annehmen.

Ein Vertreter der ersten, nicht-egologischen, aber doch am Reflexions-Modell orientierten Theorie des Selbstbewußtseins ist der frühe Husserl. In der V. der *Logischen Untersuchungen* (zuerst 1901 erschienen, 1913 in stark umgearbeiteter Form neu aufgelegt [Nachdruck Tübingen 1980]), unterscheidet er zwischen drei Bedeutungen der Terms ›Bewußtsein‹. Der Ausdruck meint erstens die »Verwebung der psychischen Erlebnisse in der Einheit des Bewußtseinsstroms« (in diesem Zusammenhang taucht dann die Vorstellung von einem Ich als Kontinuitätsstifter zwischen den einzelnen Instantiierungen von Bewußtsein auf); er meint zweitens das »innere Gewahrwerden von eigenen psychischen Erlebnissen« und dient drittens »als Zusammenfassung für jederlei ›psychische Akte‹ oder ›intentionale Erlebnisse‹« (II/1, S. 346).

Natürlich interessiert uns im gegenwärtigen Fragezusammenhang vor allem die zweite Bedeutung von ›Bewußtsein‹. ›Bewußtsein‹ ist hier verstanden als »inneres Bewußtsein« (l. c., S. 354), auch »innere Wahrnehmung« genannt. Ihr Gegenstand ist nicht das Ich, welches überhaupt kein Bewohner des Bewußtseins ist, sondern als Phantom im Hintergrund des Bewußtseinsstroms auftaucht (l. c., S. 353); es ist vielmehr das Bewußtsein selbst, welches entweder (intransitiv) ein psychischer Zustand oder (transitiv) ein intentionaler Akt sein kann, durch den etwas vom Bewußtsein Verschiedenes vermeint wird. Von der inneren Wahrnehmung wird gesagt, sie ›begleite‹ die aktuell präsenten Erlebnisse und sei auf sie »als ihre Gegenstände bezogen« (l. c., S. 354).

In diesem Zitat sind die Wörter ›begleiten‹ und ›Gegenstände‹ zu unterstreichen. ›Begleiten‹ ist ein relationaler Ausdruck, der ein Verhältnis der Nicht-Einerleiheit zwischen Begleitendem und Begleitetem voraussetzt. Dem korrespondiert die Rede von der Gegenständlichkeit des Begleiteten: das von der inneren Wahrnehmung thematisierte Bewußtsein befindet sich ihr gegenüber in der Rolle eines Objekts.

Gewiß beeilt sich Husserl zu erklären, im Unterschied zu jedem Bewußtsein von innerweltlich Seiendem sei das Objekt der inneren Wahrnehmung *adäquat* gegeben (und etwas ist adäquat gegeben, wenn es sich nicht in unendlich vielen Abschattungen, sondern »leibhaftig« darbietet und im Nu »restlos erfaßt« wird [l. c., S. 355]). Nun kann man bestreiten, daß überhaupt etwas, welches sich einem anderen gegenüber in Objektposition befindet, adäquat erfaßt werden kann. Auch die Reflexion – die zweifellos eine Vergegenständlichung einschließt – kann das ja nur, wenn und weil ihr Gegenstand zuvor in ihm selbst ungegenständlich mit sich vertraut war. Eine ungegenständliche Vertrautheit-mit-sich kann aber nur als unmittelbar gedacht werden. Sie schließt ein Verhältnis des Begleitens kategorisch aus. Ein solches Verhältnis würde nämlich nicht nur die Adäquatheit des Gegebenseins problematisch machen, sondern vor allem auch unverständlich lassen, wie ein Akt, der einen anderen ins Bewußtsein hebt, ohne selbst bewußt zu sein, als mit diesem anderen *identisch* gewußt werden könne. Man könnte – Husserls Theorie des Ich versucht das – zu der kontraintuitiven Hilfskonstruktion greifen, beide Akte als einem höherstufigen Bewußtseinszusammenhang zugehörig auszugeben. Dann tritt das eben aufgeworfene Problem aber nur auf der Stelle. Entweder weiß der dergestalt in die »Erlebniskomplexion« integrierte Akt von dieser seiner Zugehörigkeit (und dann kann dies Wissen nicht aus der Zugehörigkeit abgeleitet werden, ohne daß der Komplexion in toto ein *unmittelbares* Selbstbewußtsein zugesprochen wird), oder er weiß es nicht (und dann verfügt er eben auch nicht über das Wissen seiner Identität oder vorsichtiger: Kontinuität mit dem oder den anderen). Eine horizontale Bewußtseinskontinuität, die keinerlei Bewußtsein ihrer selbst als eines Ganzen besitzt, kann den einzelnen Instantiierungen von Bewußtsein nur in zirkulärer Argumentation das Bewußtsein ihrer Einheit untereinander vermitteln.

Husserls Erklärung, Selbstbewußtsein sei »die alltägliche Sache, die dem Verständnis keine Schwierigkeiten bietet« (l. c., S. 362), hinterläßt unter diesen Umständen vor allem Heiterkeit. Die Kritik an der sehr viel aussichtsreicheren Erklärung, die sein Lehrer Franz Brentano fürs Selbstbewußtsein vorgesehen hatte, läßt vermuten, daß Husserl sich der Dimension des Problems nicht wirklich bewußt geworden ist (l. c., S. 355/6; vgl. auch die 3. Beilage: II/2, S. 229 ff.).

Franz Brentano hat seine Theorie im zweiten Buch seines Hauptwerks, der *Psychologie vom empirischen Standpunkt* (hg. von Oskar Kraus, 1. Band, Leipzig 1924, Neudruck Hamburg 1955), vorgestellt. Sein Ausgangspunkt und motivierender Impuls ist die Absicht, die nach-idealistische Diskussion um psychische Tatsachen aus den bekannten Zirkeln herauszuführen. Brentano nimmt an, alle psychischen Phänomene setzen ein Bewußtsein voraus, das *von* einem Inhalt besteht, der diesem Bewußtsein ›intentional innewohnt‹. Nimmt man nun an, alle psychischen Phänomene seien ihrerseits bewußt, d. h. intentionale Inhalte von psychischen Phänomenen zweiten Grades, die wiederum intentionale Inhalte von höherstufigen psychischen Phänomenen würden, so sähe man sich in den bekannten Zirkel verstrickt. Tatsächlich *sind* wir unserer psychischen Zustände bewußt, also kommt eine »unendliche Verwicklung des Seelenzustandes« als Erklärung nicht in Frage (l. c., S. 170, § 7). Sie kommt nicht in Frage heißt: Bewußtsein von psychischen Zuständen kann nicht verstanden werden als Bewußtsein von einem von ihm Verschiedenen, sondern muß beschrieben werden können als unmittelbares Mit-sich-vertraut-Sein des psychischen Aktes, ohne weitere reflexive Zuwendung. Ein Ich ist hier nicht Thema: Selbstbewußtsein besteht nicht als Bewußtsein vom Ich, sondern als Vertrautheit mit dem psychischen Akt als solchen.

Hier führt Brentano den Begriff des ›inneren Bewußtseins‹ ein. Er unterscheidet ihn streng von dem der Wahrnehmung bzw. Beobachtung, die immer auf ein vom Bewußtsein Verschiedenes gehen. Dagegen hat Bewußtsein, um mit sich bekannt zu werden, nicht nötig, sich ins Objekt einer inneren Wahrnehmung zu verwandeln (l. c., S. 41; vgl. 48,3). Es existiert überhaupt nicht gegenständlich. Wer einen Ton hört, hat nicht zusätzlich nötig, sein Hören einer aufmerkenden Beobachtung zu unterwerfen, um seines Hörens gewiß zu sein: er hört den Ton, nicht sein Hören desselben. Andererseits hat er doch mit zwei unterscheidbaren Vorstellungen zu tun: dem Hören des Tons und dem Bewußtsein, das er vom Hören des Tons hat (l. c., S. 170f.). Daraus, sagt Brentano, haben einige Psychologen geschlossen, daß man den Akt des Hörens ohne weiteres mit dem gehörten Ton identifizieren müsse. Diese Erklärung ist aber nicht nur kontra-intuitiv, sondern auch falsch: ein Ton kann fern oder nah, stark oder fein, lieblich oder schneidend usw. sein, während diese Eigenschaften niemals dem Bewußtsein, das sie vernimmt, zugelegt werden können. Also muß, aus logischen Gründen, das Bewußtsein von einem Ton (anders gesagt: der Akt des Hörens) unterschieden werden von dem Bewußtsein, durch welches ich mit dem Hören vertraut bin.

Diese Unterscheidung muß aber durchgeführt werden können, ohne dem Zirkel der Reflexionstheorie sich auszusetzen, die jedem Bewußtsein als Maß seiner Intelligibilität das Erkanntsein durch ein es reflektierendes vorschreibt, wodurch das jeweils letzte Bewußtsein der Reihe, als pures Subjekt des Erkennens, seinerseits unbewußt bliebe. Tatsächlich ist aber »die Vorstellung des Tones mit der Vorstellung von der Vorstellung des Tones in so eigentümlich inniger Weise verbunden (...), daß sie, indem sie besteht, zugleich innerlich zum Sein der anderen beiträgt« (l. c., S. 179). Man könnte sagen, sie gehören beide demselben psychischen Akt zu. Diese Formulierung ist nur so lange uneinleuchtend, wie man annimmt, es bestehe eine Eins-zu-eins-Beziehung zwischen Zahl der Vorstellungen und Zahl der vorgestellten Objekte und jene richte sich nach dieser. Sobald wir jedoch umgekehrt uns davon überzeugen, daß die Zahl der Objekte durch die Zahl der sie vermeinenden psychischen Akte bestimmt wird, haben wir keinen Grund mehr, die Vorstellung des Tons (des Hör-Objekts) und die Vorstellung dieser Vorstellung (nicht ihres Objekts) einem und demselben psychischen Phänomen zuzuschreiben. Die Trennung in zwei Vorstellungen (eine auf den Ton, die andere aufs Hören sich richtend) geschieht nur in begriffsanalytischer Absicht. Tatsächlich ist jedes Bewußtsein ein seines eigenen Bewußtseins unmittelbar gewisses Bewußtsein *von* etwas (anderem). Dies andere (z. B. den Ton) nennt Brentano das primäre, das Bewußtsein davon (hier: das Hören) das sekundäre Objekt des Bewußtseins (l. c., S. 180). Zwischen ihnen besteht Zeitgleichheit, obwohl das erste logisch und sachlich vorangeht. Das Hören scheint dem Ton »zugewandt« und nur gleichsam nebenbei als Zugabe »sich selbst (...) mit zu erfassen« (l. c.).

Natürlich wird man Brentanos Theorievorschlag die folgende Frage nicht ersparen: Wer einen Ton vorstellt und sein Vorstellen zugleich miterfaßt, hat der von seinem Miterfassen abermals Bewußtsein oder nicht? Bejaht man das letztere, so verwickelt man sich aufs neue in den Zirkel einer n-fach wiederholten Vorstellung der jeweils vorangehenden Vorstellung. Diesen Schluß, meint Brentano, muß man aber nicht ziehen, denn im inneren Bewußtsein

> fällt das Bewußtsein von der Vorstellung des Tones mit dem Bewußtsein von diesem Bewußtsein offenbar zusammen. Ist ja das Bewußtsein, welches die Vorstellung des Tones begleitet, ein Bewußtsein, nicht sowohl von der Vorstellung, als von dem *ganzen* psychischen Akte, worin der Ton vorgestellt wird, und in welchem *es selbst* mitgegeben ist. Der psychische Akt des Hörens wird, abgesehen davon, daß er das psychische Phänomen des Tones vorstellt, zugleich seiner *Totalität* nach für sich selbst Gegenstand und Inhalt (l. c., S. 182).

Aber auch in diesem Vorschlag ist der Zirkel nicht definitiv gebannt. Gewiß spricht Brentano von einem Zusammenfallen des inneren mit dem intentionalen Bewußtsein. Nur unter ihrer Voraussetzung ist ja die Rede von einem *Selbst*bewußtsein überhaupt sinnvoll zu machen. Dann aber kann der Gegenstand von Selbstbewußtsein nicht mehr nur das primäre Bewußtsein, er muß vielmehr der psychische Akt *insgesamt* sein. Erst so ist sichergestellt, daß das innere Bewußtsein nicht nur das von ihm verschiedene primäre Objekt repräsentiert, sondern sich selbst in dieser Repräsentation ›mit erfaßt‹ und so gleichsam ins Ganze des psychischen Phänomens einschließt. Nach dieser Konstruktion wäre also der Gegenstand von Selbstbewußtsein ein Ganzes, das in ihm selber schon die Eigenschaft hat, unauflösliche (numerische) Einheit von primärem und sekundärem Bewußtsein zu sein. Da in die Definition dieses Ganzen des psychischen Aktes der Wissensbezug auf sich *als auf dies Ganze* mit eingeht, muß die Definition erneut angewandt werden auf das, was in diesem Akt in der

Stellung des Bezogenen sich befindet: der zu beziehende Term muß sich abermals auf ein Relatum beziehen, das selber schon Einheit des primären und sekundären Bewußtseins ist, so daß sich der vormals extensive Regreß nunmehr in einen intensiven verschachtelt (Konrad Cramer, *»Erlebnis«*, l.c., S. 581). – Brentanos Explikation von Selbstbewußtsein »ohne weitere Verwicklung und Vervielfältigung« des Phänomens (l.c., S. 219) wird so in letzter Instanz von einer Variante des Zirkels eingeholt, dem sie zu entgehen hoffte.

Das gilt auch für die an Brentano anschließenden Versuche einer revidiert nicht-egologischen Erklärung von Selbstbewußtsein, z.B. diejenigen Hermann Schmalenbachs und Jean-Paul Sartres. Der Versuch Schmalenbachs (*Das Sein des Bewußtseins*, in: *Philosophischer Anzeiger* IV, 1929/30, S. 344-432) verdient dennoch unsere Aufmerksamkeit in zweierlei Hinsicht. Er führt erstens die ontologische Dimension in die Selbstbewußtseins-Diskussion ein und hat zweitens wertvolle Einsichten in die Präreflexivität des inneren Zeitbewußtseins formuliert.

Das erste betreffend, so hat er die ontologische Wendung der Sartreschen Selbstbewußtseinstheorie antizipiert. Sartre wird beobachten, »que, ici, le problème se pose en termes parallèles pour l'être et pour le connaître« (*CC*, S. $61,_4$). Damit ist gemeint, daß das unmittelbare Bewußtsein, das wir von unserem Bewußtsein selbst besitzen, verschieden ist von der Erkenntnis *(»connaissance«)*, durch welche wir ein von uns verschiedenes Objekt vor uns stellen oder »vorstellen«. Dieses Objekt kann, wie im Falle der Reflexion, unser eigenes Bewußtsein sein, sofern wir es nicht einfach unmittelbar (»präreflexiv«) *haben*, sondern vor-stellend verdinglichen. Nun gilt das entsprechende für das Sein (die Existenz) des Bewußtseins, so wie sie in Descartes' Satz *cogito sum* mit Evidenz ausgesagt wird. Die Parallele zwischen der Unmittelbarkeit des Selbstbewußtseins und seinem Sein, auf die schon Schmalenbach aufmerksam gemacht hatte, besteht einfach darin, daß, so wie das Selbstbewußtsein nicht aus der Selbstreflexion erklärt werden kann (die als »connaissance de soi« definiert ist), ebensowenig das Sein desselben sich auf die Erkenntnis reduzieren läßt, die wir davon besitzen. Reduzierte sich nämlich das *Sein* des Bewußtseins auf das, was wir davon erkennen, wie es die empiristisch-idealistische Formel »esse est percipi« nahelegt, fänden wir uns auf eine Unendlichkeit von Erklärungen verwiesen, und zwar auf die gleiche Weise, wie wir es beim Zirkel des Selbstbewußtseins sahen: Das Sein des Bewußtseins bestünde in seinem Erkanntwerden durch ein zweites Bewußtsein. Dieses wäre nun entweder seinerseits des Seins beraubt, und dann würde das Sein des Bewußtseins per absurdum aufs Nichtsein fundiert, oder es existierte, und alsdann gälte erneut der »Satz des Bewußtseins«, welcher besagt, daß sein Sein im Erkanntwerden durch ein drittes Bewußtsein besteht, welches, selbst des Seins beraubt, in einem vierten Bewußtsein fundiert wäre, und so in infinitum: »Il est [d'ailleurs] bien entendu que la connaissance est la mesure de l'être, mais la connaissance elle-même, elle *est*« (*CC*, S. 59). Damit sie indessen als existent gewußt werden kann, muß ihre Existenz im selben Augenblick gesichert sein, in welchem das Bewußtsein sich selbst gewahrt: jeder Reflexion zuvor. Ist die Reflexion ein explizites, vor-stellendes (»positionelles«) Bewußtsein, so muß ihr Grund ein nicht-vorstellendes, »implizites Sich-selber-Wissen« sein, wie Schmalenbach sagt, oder »une conscience non-positionnelle de soi«, wie Sartre sich ausdrückt. Mit ›nicht-setzend‹ ist gemeint, daß das Bewußtsein sein eigenes Sein sich nicht als einen Gegenstand vor- oder gegenüber-setzt, daß es vielmehr im Innern des Bewußtseins keinerlei Trennung Sein-Bewußtsein oder Subjekt-Objekt gibt (*CC*, S. 63). Findet eine solche Trennung nicht statt, kann der Satz des Bewußtseins in bezug aufs Sein des Bewußtseins ebenso wie auf sein Mit-sich-Vertrautsein hintergangen werden.

Schmalenbachs Aufsatz über *Das Sein des Bewußtseins* ist aber noch aus einem zweiten Grund interessant für unsere Diskussion. Während Brentano sich damit begnügt, das Phänomen des impliziten ›Sich-selber-Wissens‹ des psychischen Aktes im allgemeinen plausibel zu machen, hat Schmalenbach den Versuch unternommen, die Präreflexivität des Selbstbewußtseins am Problem seiner Identität sich abarbeiten zu lassen. Unter Identität verstehe ich hier nur die Tatsache, daß Bewußtsein sich auf vergangenes Bewußtsein so beziehen kann, daß ihm zugleich, ebenfalls präreflexiv, die zwischen beiden Bewußtseinsakten (dem erinnerten und dem gegenwärtigen) vermittelnde Kontinuität – d. h. Zugehörigkeit zur gleichen »Erlebniskomplexion« – mit Evidenz bewußt ist (vgl. l. c., S. 375-377, auch 416,$_3$). Dies Problem ist deswegen im gegenwärtigen Zusammenhang von besonderer Brisanz, weil die nicht-egologischen Selbstbewußtseinstheorien, eben indem sie auf die synthetische Kraft eines transzendentalen Ego verzichten, das Problem haben anzugeben, wie von einem Vorkommnis von Bewußtsein zu einem anderen geschritten werden könne, ohne daß die Kontinuität des Bewußtseins periodisch aussetzt. Der deutsche Idealismus konnte leicht verständlich machen, warum eine Mannigfaltigkeit distinkter Vorstellungen gleichwohl einem einigen Bewußtsein zugehören kann – eben dem des Ich, das sie alle denkt. Läßt man das egologische Modell fallen, findet man sich an isolierte Bewußtseinsereignisse verwiesen, die alle die Eigenschaft haben, sich präreflexiv auf sich selbst zu beziehen, nicht aber auf jemanden oder etwas, dem alle diese einzelnen Bewußtseine zugehören und der sich ihrer als einer Totalität bewußt wäre. Auf der Grundlage der nicht-egologischen Bewußtseinstheorien ist es schwierig, ja wohl ausgeschlossen, ein Prinzip namhaft zu machen, das die Bewußtseinsvorkommnisse untereinander verbände. David Hume hat das Problem zuerst in aller Schärfe formuliert und zugleich gestanden, dieses eine Mal außerstande zu sein, eine Lösung anzugeben (*A Treatise of Human Nature*, hg. von L. A. Selby-Bigge, Oxford 1888, S. 633-636).

(...) when I proceed to explain the principle of connexion, which binds them [the perceptions] together, and makes us attribute to them a real simplicity and identity, I am sensible, that my account is very defective, and that nothing but the seeming evidence of the precedent reasons cou'd have induc'd me to receive it. If perceptions are distinct existences, they form a whole only by being connected together (l. c., S. 635).
But all my hopes vanish, when I come to explain the principles, that unite our successive perceptions in our thought or consciousnous. I cannot discover any theory, which gives me satisfaction on this head.
In short there are two principles, which I cannot render consistent nor is it in my power to renounce either of them, viz. *that all our distinct perceptions are distinct existences,* and *that the mind never perceives any real connexion among distinct existences* (...) (l. c., S. 635/6).

Eine solche – Hume und den Positionen einer revidierten Phänomenologie gemeinsame – Theorie hat also Probleme mit der Aufklärung der unleugbaren Tatsachen, daß jedes Bewußtsein prinzipiell Bewußtsein einer Beziehung zwischen verschiedenen (untereinander distinkten) Gegebenheiten ist und daß es ein die einzelnen Akte übergreifendes Bewußtsein geben muß, soll das bewußte Leben nicht auf einen Pointillismus der Akte reduziert werden.

Der zweiten Schwierigkeit hat Hermann Schmalenbach sich zu stellen versucht, während die erste, wie wir sehen werden, im Rahmen des nicht-egologischen Paradigmas für unlösbar gelten muß. Er hat erkannt, daß – zum Beispiel – ein Bewußtsein, welches sich jetzt eine bestimmte Erinnerung zurückruft, dies nur tun kann, wenn es sich zugleich die Kontinuität des vergangenen mit dem aktuellen Bewußtsein vorstellt. Bestünde eine solche Einheit nicht, könnte das aktuelle Bewußtsein sich niemals als den Träger eines Bewußtseins gewahren, das aktuell nicht mehr statthat. Wäre diese Identität ferner nicht bewußt, so könnte das aktuelle Bewußtsein sich nicht nur nicht der erinnerten Inhalte erinnern, sondern nicht einmal der Tatsache, von ihnen früher einmal Bewußtsein gehabt zu haben. Dieser gemäßigte Sinn von Identität des Bewußtseins – seine Kontinuität – muß von seiner einfachen Einheit wohl unterschieden werden. Natürlich besteht jeder Bewußtseinsakt in einer monadischen Gleichheit nur mit sich, die man mit Leibniz fensterlos nennen könnte. Nicht diese Einfachheit ist indessen problematisch; das Problem besteht in der Rechenschaftsgabe über die zeitliche Kontinuität verschiedener Instantiierungen von Bewußtseinsakten, ihrer Interrelation in der gleitenden Einheit einer homogenen Dimension, die sie alle verbindet und macht, daß das aktuelle Bewußtsein sich verstehen kann als zugehörig zur selben Bewußtseinseinheit wie das vergangene aktuell erinnerte. Schmalenbach hat, wie gesagt, nicht die Möglichkeit, den kantischen Identitätsbegriff in Anspruch zu nehmen, der das Übergehen von einem Bewußtseinserlebnis zu einem anderen aus der Identität des Ich (und aus daraus abgeleiteten allgemeinen Übergangsregeln) begründet. Er hat das Problem, an dem Brentanos Theorie zerbricht, aber gesehen und deutlich thematisiert: Damit ich im nachhinein auf eine vergangene Vorstellung mich beziehen kann, muß ich mich nicht nur des Gegenstandes, sondern auch des Bewußtseins besinnen können, das ich damals von dem Gegenstand hatte. Dann kann aber das Bewußtsein, welches von dem Bewußtsein existiert, nicht ein solches sein, welches sich nachträglich dem ersten Bewußtsein anhängt; dieses erste Bewußtsein mußte bereits im gleichen Augenblick, da es sich intentional auf einen Gegenstand bezog, für sich selbst bestanden haben. Denn ich habe nicht bloß Bewußtsein von einem Gegenstand, der nicht mehr da ist; mein Wissen von dem abwesenden Gegenstand beruht auf der und schließt ein die Erinnerung an das

Bewußtsein, das ich seinerzeit von ihm hatte. Wäre dieses entgegenwärtigte Bewußtsein hinsichtlich seiner selbst unbewußt gewesen im Augenblick seines ursprünglichen Vollzugs, so würde sich alles Erinnern auf die Wieder-Vergegenwärtigung von entzeitlichten Gegenständen reduzieren. Um aktuell ein nicht mehr gegenwärtiges Objekt zu erinnern, muß ich mich des Bewußtseins erinnern, das ich seinerzeit von ihm hatte, und zwar *als* eines vergangenen, entgegenwärtigten Bewußtseins. Umständlicher, aber genauer: um einen früher gewußten Sachverhalt von einem aktuell bekannten unterscheiden zu können, muß ich den Umweg über die Erinnerung eines vergangenen Bewußtseins wählen, *für* welches der Sachverhalt damals bestand, und dies Erinnerungsbewußtsein muß damals ein implizites Sich-selber-Wissen besessen haben. Sonst fehlte mir das Kriterium, welches entscheidbar macht, wie ich ein aktuell reproduziertes vergangenes Bewußtsein als ein damals gehabtes *Bewußtsein*, und nicht vielmehr als Unbewußtsein erinnern kann. Aber ich weiß nicht nur, daß der erinnerte Bewußtseinsinhalt damals *bewußt* war (und es aktuell nicht mehr in der Weise der Präsentation ist); ich weiß auch, daß das Wissen von der Vergangenheit meines damaligen Bewußtseins das implizite Sich-selber-Wissen meines aktuellen Erinnerungsbewußtseins zu seinem Unterscheidungsgrund hat. Und ich weiß schließlich, daß Erinnerungs- und Präsentationsbewußtsein einem und demselben Bewußtseinskontinuum zugehören.

Ich erinnere mich eines Gewußten. Gewußtes wird immer nur durch Wissen hindurch gewußt. Erinnere ich mich eines Gewußten, so muß ich mich auch des Wissens erinnern, durch das hindurch es gewußt wurde. Erinnere ich mich seiner nicht explizit, so muß ich es implizit tun. Das Wissen, dessen ich mich erinnere, muß selbst gewußt worden sein. Ist es nicht explizit gewußt worden, so muß es implizit sich selbst gewußt haben. Jedenfalls kann ich mich eines Gewußten nur erinnern, wenn ich mich, wenigstens implizit, auch des Wissens dieses Gewußten und dann auch des wenigstens impliziten Sich-selber-Wissens des Wissens dieses Gewußten erinnere. Oder: wenn ich in der Erinnerung das darin Gewußte als ein früher schon einmal Gewußtes, und zwar als ein in früherem Wissen Gewußtes, und zwar als ein in einem solchen früheren Wissen Gewußtes weiß, das ich jetzt (in der Erinnerung) als ein damals implizit sich selbst gewußt habendes weiß. Dem sogar mehrfachen »Als« gegenüber gibt es allerdings immer die Irrtumsmöglichkeit, dem die Erinnerung (Erinnerungsvermeinung) ja auch in der Tat verfallen kann und oft verfällt. Hier genügt aber, daß ohne implizites Sich-selber-Wissen des Wissens überhaupt keine Erinnerung möglich wäre (l. c., S. 376/7).

Damit ist sicherlich noch kein Ansatz geliefert für eine Selbstbewußtseins-Theorie, die auch der Zeitlichkeit desselben Rechnung trüge (alle frühere Theorie war an die Instantaneität und die Selbstgegenwärtigkeit des Bewußtseins gebunden). Wohl aber ist die Richtung gewiesen, wie die innere Zeitlichkeit des Selbst in zirkelfreier Argumentation berücksichtigt werden könnte. Dies wäre z. B. in Auseinandersetzung mit Husserls Phänomenologie des inneren Zeitbewußtseins zu zeigen. Ausgehend von der reflexiven Deutung des Bewußtseins von Bewußtsein, vermag sie ›retentionales Bewußtsein‹ nur als Beziehung eines vergangenen zu einem gegenwärtigen Bewußtsein zu denken. Dabei stößt sie auf folgendes Problem: Die Gewißheit, daß ein Bewußtsein nicht mehr gegenwärtig ist und daß man sich seiner je jetzt erinnert, könnte sich nur einstellen, wenn ich das vergangene Bewußtsein mit Evidenz vom Gegenwartsbewußtsein unterscheiden kann, welches alsdann aber instantan – ohne in die Vergangenheit abgesunken zu sein – mit sich bekannt sein muß: irreflexiv, was Husserls Theorie zu denken nicht gestattet.[1] Würde nämlich Bewußtsein sich nur einstellen, wenn es einem Bewußtseinsinhalt gegenübergestellt wäre, so würde Zeitbewußtsein nur als Bewußtsein von der unmittelbaren Vergangenheit existieren (denn nur sie ist differentiell vom Gegenwartsbewußtsein abgesondert); zugleich hätte das Bewußtsein aber, als nicht unmittelbar und instantan (gegenwärtig) mit sich vertraut, kein Richtmaß für die Zusprechung eines Vergangenheits-Indexes an die letztvergangene Aktphase. Eine von der unmittelbaren Vergangenheit ununterschiedene Gegenwart *hätte* gar keine Vergangenheit, d. h. zugleich: sie verfügte über kein Kriterium für die *Erkenntnis* ihrer eigenen Präsenz.

Wenn wir Schmalenbachs Theorieskizze das ausgeprägte Bewußtsein des hiermit aufgeworfenen Problems zugute halten müssen, so sieht man doch bei ihm so wenig wie bei Brentano und Sartre, wie die nicht-egologische Selbstbewußtseins-Philosophie die Kontinuität unseres Bewußtseinsflusses positiv *erklärt.* Wie kann ich vergangenes Bewußtsein als *meines* wissen, wenn ich von

1 Ich habe die Aporie der Husserlschen Zeittheorie ausführlich diskutiert in *Was ist Neostrukturalismus?*, 16. Vorlesung (vor allem S. 318-325).

der Punktualität des einzelnen gegenüber allen anderen isolierten Bewußtseinsereignisses ausgehen muß? Auch Sartre hat das Problem gesehen, freilich nicht als Konsequenz seines eigenen, sondern des Husserlschen Ansatzes beschrieben. An diesen ergeht der Vorwurf eines »pointillisme des essences, parce que, ayant pris comme point de départ unique un ›cogito‹ qui doit rendre compte de la durée, de la liaison synthétique du temps, et par conséquent ayant réfusé de concevoir une vérité devenue, il [Husserl] est amené à voir les essences dans une unité d'une intuition et sans liaison entre elles« (*CC*, S. $54_{,1}$). Wenn jeder Akt von allen anderen seinesgleichen abgeschnitten wäre und erst hernach Verbindung unter ihnen sich einstellte, so wäre diese Verbindung entweder äußerlich und unfundiert oder müßte aus dem isolierten Selbstbewußtsein des Aktes abgeleitet werden, was unverständlich ist. Ein intelligibles Vereinigungs-Prinzip könnte nur aktübergreifend gedacht werden und müßte dann seinerseits in einem Bewußtsein fundiert sein, welches dem kantischen ›Ich denke‹ ähnlich verfaßt wäre. Andernfalls müßte angenommen werden, daß, da die synthetische Verfaßtheit unseres Bewußtseinsfeldes aus der Interaktion der einzelnen Akt-Subjekte hervorgeht, ein komplexes zeitliches Wahrnehmen aus ebensovielen Einzelwahrnehmungen zusammengesetzt wäre, wie elementare Gegebenheiten darin enthalten sind (vgl. Henrich, *Selbstbewußtsein*, S. 261/2).

Die synthetische Verfassung des Bewußtseins – als Husserlsche ›Einheit der Erlebniskomplexion‹ – scheint auf der Grundlage des nicht-egologischen Bewußtseinsmodells nicht gedacht werden zu können. Zwar behauptet Sartre, der Verzicht auf ein Ego als Bewohner des Bewußtseins impliziere nicht seine Impersonalität. »Elle [la conscience] est personnelle parce qu'elle est renvoi, malgré tout, à soi« (*CC*, S. $63_{,6}$). Diese Auskunft ist unbefriedigend aus wenigstens zwei Gründen. Erstens hatte Sartre die Präreflexivität des Selbstbewußtseins auf die Behauptung gestützt, in ihm finde keinerlei Beziehung statt, auch nicht die eines Subjekts auf sich selbst.[1] Zum anderen widerspricht der immanente Selbstverweis eines einzelnen Bewußtseinsaktes auf sich selbst intuitiv dem, was wir unter persönlicher Identität verstehen, für die eine

1 Gewiß, Sartre nimmt diese Behauptung in der Folge, aber ohne Angabe von Gründen, zurück, wenn er sagt, es finde sich im Innern des Selbstbewußtseins eine »esquisse de dualité«, »un décalage«, »une sorte de jeu de réflexion reflétant« usw. (*CC*, S. $63_{,6}$, $68_{,4}$, $67_{,7}$).

kontinuierliche Erstreckung in der Zeit definitorisch unabdingbar ist. Persönlichkeit verlangt eine »union synthétique« zwischen *verschiedenen* Bewußtseinserlebnissen im Rahmen der instabilen Einheit einer Lebensgeschichte. Sie ist aus der Vertrautheit-mit-sich monadisch isolierter Bewußtseinsakte nicht verständlich zu machen. Um zu zeigen, daß sie alle derselben Bewußtseinseinheit zugehören, müßte die Bedingung erfüllt werden, daß der Akt des einzelnen Selbstbewußtseins *in* diesem Akt zugleich seiner Zugehörigkeit zur Aktkomplexion innewerde. Eine Bewußtseins*einheit,* die von dieser Einheit kein Bewußtsein besäße, wäre eben keine *bewußte* Einheit. Sie aber ist aus dem Blickpunkt der Aktmonade nicht begreiflich zu machen.

Damit muß auch die nicht-egologische und präreflexiv konzipierte Theorie des Subjekts für gescheitert gelten. In verfeinerter Form ersteht in ihr der infinite Regreß aufs neue; vor allem aber ist sie außerstande, die synthetische Verfaßtheit der Person und des Bewußtseinsfeldes verständlich zu machen.

Der letztere Gesichtspunkt war es, der radikale Lösungsversuche auf den Plan gerufen hat, die man unter dem Titel des ›Neutralen Monismus‹ zusammengefaßt hat. Sie empfehlen den Verzicht auf die Kategorie ›Bewußtsein‹ bzw. ihre Ersetzung durch die These,

that there is only one primary stuff or material in the world, a stuff of which everything is composed, and if we call that stuff ›pure experience‹, then knowing can easily be explained as a particular sort of relation towards one another into which portions of pure experience may enter (William James, *Does consciousness exist?* in: *Essays in Radical Empiricism,* New York and London 1912, S. 1-38, hier: S. 4).

Um deutlich zu machen, daß diese Relationen nicht (oder nicht notwendig) zwischen einem Subjekt- und einem Objekt-Pol der Erfahrungen bestehen müssen, unterstreicht James, daß

Consciousness connotes a kind of external relation, and does not denote a special stuff or way of being. *The peculiarity of our experiences, that they not only are, but are known, which their ›conscious‹ quality is invoked to explain, is better explained by their relations – these relations themselves being experiences – to one another* (l. c., S. 25).

Damit ist der Vorschlag gemacht, Bewußtsein als völlig objektive Struktur von Relationen zwischen Erfahrungsgegebenheiten zu verstehen. Er impliziert die These, daß Bewußtsein nur dann eintritt, wenn auch die andere Bedingung erfüllt ist, nämlich das Gegebensein einer Mannigfaltigkeit von untereinander verschiedenen Erfahrungen.

Indem er die Relationalität der Präsentationen betont, denen wir die Eigenschaft des Bewußtseins zuschreiben, hat James eine wichtige Einsicht der kantischen Transzendentalphilosophie wieder ins Bewußtsein gehoben. Kant hatte die Funktionen des Denkens und des Urteilens für synonym erklärt und Urteilen als die Handlung beschrieben, eine Mannigfaltigkeit von Vorstellungen unter der Einheit einer zentralen Hinsichtnahme, in letzter Instanz des Bewußtseins ›Ich verbinde‹, zu versammeln. In der Folge war er zu weitreichenden Annahmen über den Zusammenhang von Urteilsform und Objektstruktur gekommen. Sein Grundgedanke ist, in starker Vereinfachung, daß Objekte Gegenstände wahrer Urteile und darin von bloß subjektiven Vorstellungen unterschieden sind (*KrV* B 142). Dieselbe Funktion, die in einem Urteil verschiedene Vorstellungen zu einer versammelt, bildet in ihrer Anwendung auf das Mannigfaltige von Empfindungen die synthetische Einheit eines Objekts (*KrV* A 79, B 104f.). Ist das der Fall, dann muß angenommen werden, daß nichts grammatisches Subjekt von empirischen Urteilen sein könnte, in dessen Begriff nicht wenigstens zwei Inhalte oder Aspekte ausgemacht werden können. So ist die Verschiedenheit der im Subjektterm vereinigten Qualitäten eine notwendige Bedingung für die Möglichkeit, ihm eine Pluralität von distinkten Prädikaten zuzusprechen, andernfalls wiederholte das hinsichtlich seiner gefällte Urteil nur den im Subjektterm bereits ausgesagten Inhalt. Kant war überzeugt, daß die Synthetizität ein Definiens des Urteils sei, denn nur ein solches Urteil, in dem ein Subjektterminus als durch eine Mannigfaltigkeit von Prädikaten charakterisierbar vorgestellt wird, erfüllt die Bedingung der Negierbarkeit und mithin der Verifizierbarkeit. Ein nicht verifizierbares Urteil könnte sich nicht auf ein Objekt beziehen, mithin muß das Bewußtsein von einem Objekt als solches von einer Synthesis untereinander verschiedener Vorstellungen gedacht werden (vgl. Dieter Henrich, *Identität und Objektivität. Eine Untersuchung über Kants transzendentale Deduktion*, Heidelberg 1976, S. 27ff.).[1]

1 Schon Salomon Maimon hatte in seinem *Versuch über die Transzendalphilosophie* (Berlin 1790, *Gesamtausgabe* Bd. II, S. 132 im Kontext) die Ansicht vertreten, daß Bewußtsein sich auf ein Objekt nur dann beziehen könne, wenn in seinem Feld eine

Gewiß treten solche Überlegungen nicht ins Blickfeld der Jamesschen Theorie. Dennoch war es vor allem der Neutrale Monismus, dem wir eine energische Erinnerung an die (während des 19. und 20. Jahrhunderts in Vergessenheit geratene) Tatsache verdanken, daß Bewußtsein sich nicht auf ein Objekt beziehen könnte, wäre das Bewußtseinsfeld nicht durch eine Mannigfaltigkeit distinkter Gegebenheiten strukturiert.

Daraus folgt indessen nicht, daß man ›Bewußtsein‹ aus differentiellen Beziehungen zwischen »externen Gegebenheiten« herleiten und als Begriff überhaupt fallenlassen könnte. Wenn *ohne* solche Relationen Bewußtsein sich nicht einstellt, ist nicht schon bewiesen, daß Bewußtsein *durch* sie besteht. William James bestimmt die Gegebenheiten, deren Beziehungen bewußtseinskonstitutiv sein sollen, als »experiences«. Sie, nicht transzendente Materien, bilden den »Stoff«, aus dem die Welt gemacht ist. Nun kann man den Begriff der Erfahrung nicht explizieren, ohne auf den des Bewußtseins zurückzugehen; denn was wären Erfahrungen ohne Bewußtsein? So dreht sich James' Theorie erneut in einem Zirkel.

Russell hat den Finger auf den wunden Punkt gelegt, wenn er feststellt, der Unterschied zwischen dem Sehen und dem Nichtsehen eines und desselben Farbflecks sei nicht aus dem differentiellen Bezug zu anderen Farbflecken zu erklären (*On the Nature of Acquaintance*, S. 158), und daraus den Schluß zieht:

> I conclude that neutral monism, though largely right in its polemic against previous theories, cannot be regarded as able to deal with all the facts, and must be replaced by a theory in which the difference between what is experienced and what is not experienced by a given subject at a given moment is made simpler and more prominent than it can be in a theory which wholly denies the existence of specifically mental entities (l. c., S. 159).

Auch wenn man Russell nicht folgen will in der Annahme, es gebe Bewußtsein von undifferenzierten, im Wortsinne ein-fältigen Gegebenheiten, so kann man doch seine Überlegung unterschreiben, daß, wenn alles Bewußtsein sich aufs In-Beziehung-Setzen externer Gegebenheiten reduzierte, jede Feststellung des Statthabens

Mannigfaltigkeit distinkter Gegebenheiten anzutreffen sei: Von einem isolierten Rot oder Grün könne kein Bewußtsein statthaben. Es entstehe erst mit ihrer Beziehung. Einheit sei nie ohne Verschiedenheit et vice versa.

einer solchen Beziehung den Schluß nach sich ziehen müßte, die Beziehung sei selbst bewußt. Tatsächlich können Beziehungen nicht bewußt sein (von anderen Subjekten erfahren, in Vergessenheit geraten, unzugänglich aus meinem Standort usw.). So geht das Kriterium verloren, das der Theorie erlaubt, nicht bewußte Beziehungen von solchen zu unterscheiden, die nur zugleich mit dem Bewußtsein von ihnen auftreten können (innerweltliche Beziehungen, etwa zwischen zwei Kratern auf der abgewandten Seite des Mondes, von mentalen Beziehungen etwa zwischen zwei konkurrierenden Gefühlen).

Aussichtsreicher ist hier die Position eines anderen Vertreters des Neutralen Monismus. Ernst Mach stellt fest, daß wir in der physikalischen Welt überall, und zwar instinktiv, die Beständigkeit und gleichförmige Wiederkehr gewisser Elemente und Elementar-Verbindungen voraussetzen (*Erkenntnis und Irrtum. Skizzen zur Psychologie der Forschung*, Leipzig [2]1906, S. 275). Diese Voraussetzung ist gerechtfertigt aus überlebenspraktischen Rücksichten; darüber hinaus trägt sie freilich nicht. Denn die Analyse jeder Konstanz-Behauptung enthüllt den grundlegenden Sachverhalt, daß alle Tatsachen im Wortsinne in Komplexen bestehen, d.h. in ein Gewebe allseitig ausufernder und zur Gänze unabsehbarer Abhängigkeiten verschlungen sind. Gelingt es, die in einem Ereignis auftretenden Elemente durch meßbare Größen zu charakterisieren, so läßt sich ihre Interdependenz durch den *Funktionsbegriff* präziser und vollständiger darstellen als durch Begriffe wie Kausalität, Substantialität oder Wechselwirkung. Ein nachgewiesener funktionaler Zusammenhang beweist nun aber gerade nichts für die Unveränderlichkeit der Verbindung; es genügt, daß Regelmäßigkeiten statistisch nachgewiesen und pragmatisch bewährt sind. Da das Geflecht der Funktionen unabsehbar ist und, streng genommen, ›keine Tatsache der Erfahrung sich vollkommen genau wiederholt‹, wird jede neue Entdeckung »einen bisher unbeachteten Rest von Abhängigkeiten« ans Licht bringen, der unter Umständen eine Modifikation der Gesetzeshypothese verlangt (l.c., S. 282f.).

Das gilt indessen nicht nur für die Interrelation physischer Gegebenheiten. Der Titel ›Neutraler Monismus‹ läßt ja bereits erwarten, daß eine prinzipielle Differenz zwischen physischen und psychischen Befunden geleugnet (›neutralisiert‹) wird. Alle psychischen Daten wie »Farben, Töne, Wärme, Düfte, Räume, Zeiten usw.« hängen teils untereinander zusammen, teils unterhalten sie Beziehungen zur »räumlichen Umgrenzung *U* unseres Leibes« (l. c., S. 8). Diese letzteren – die Empfindungen – scheinen insofern »subjektiv« zu sein, als sie nur für denjenigen gelten, der sie hat.

Allein, bei genauerer Analyse, enthalten auch die Empfindungen Elemente der physischen Welt, indem sie teils »an die historischen Schicksale des Großhirns gebunden [sind], welches ein Teil der physischen Welt ist« (l. c., S. 65), teils unmittelbar Befunde der physischen Welt aufnehmen (l. c.). Die im engeren Sinn mentalen Akte sind davon nicht ausgenommen, denn sie bauen sich aus zurückgelassenen Empfindungs-Spuren auf.

Nun gilt für die Elemente *innerhalb* der Leib-Umgrenzung das gleiche wie für die Elemente außerhalb derselben, daß sie – sobald sie gewußt werden – einem funktionalen Zusammenhang eingeschrieben sind, dessen Elementarbestandteile ausufern und eine definitive Feststellung von Ich-Konstanz und Ich-Identität nicht zulassen.

Daraus ergeben sich Konsequenzen, die Robert Musils *Mann ohne Eigenschaften* literarisch durcharbeitet.[1] Verdankt das Ich die Kenntnis, die es jeweils von sich hat, keiner vorgängigen ›Vertrautheit mit sich‹, sondern muß sie aus den Elementen lernen, als deren Zusammenhalt es besteht, dann gibt es kein konstantes oder inhaltsgleiches Selbstbewußtsein. Die Empfindungen sind auch nicht *jemandes* Empfindungen, sondern gehen, wie Mach scherzhaft sich ausdrückt, »*allein* in der Welt spazieren« (l. c., S. 460).

Auch Machs Position muß sich indessen der Frage stellen, wie sie den Bezug zwischen Elementen ohne Bewußtseinszuschreibung von demjenigen zwischen Elementen, für die das Bewußtsein konstitutiv ist, unterscheiden kann. Mach spricht zuweilen davon, die Elemente seien »gegeben« oder »erlebt«, was ohne die Vorstellung eines Bewußtseins, *dem* sie gegeben und von *dem* sie erlebt werden, unverständlich bleibt. Wenn den elementaren Gegebenheiten, zwischen welchen funktionelle Beziehungen angenommen werden, als solchen kein Prädikat aus der Bewußtseinssphäre zugesprochen werden kann, dann sieht man nicht, wie es aus der bloßen Tatsache ihrer Relationierung hervorgehen

1 Vgl. M. Frank, *Über die Suche nach dem Grund. Über den Umschlag von Erkenntniskritik in der Mythologie bei Robert Musil,* in: Karl Heinz Bohrer (Hg.), *Mythos und Moderne,* Frankfurt/Main 1983, S. 317-361.

könnte (dies ist der Einwand Russells). Oder in anderen Worten: Wahrnehmung oder Erlebnisse können nur unter der zirkelhaften Voraussetzung als *äußere* Gegebenheiten bezeichnet werden, daß zuvor verdrängt werden mußte, was in ihre Semantik schon eingeschrieben ist: die Qualität von Bewußtsein.

Das Entsprechende gilt übrigens für den – theoretisch ganz ähnlich gelagerten – neostrukturalistischen Versuch, Bewußtsein und Selbstbewußtsein aus dem differentiellen Verweis zwischen Zeichen herzuleiten. Auch für Zeichen gilt nämlich, daß sie von bedeutungslosen Strichen oder Geräuschen nur dadurch unterschieden sind, daß ein Bewußtsein ihnen in einem hypothetischen Urteil einen Sinn schon zugewiesen hat. Dann aber dreht sich die These, dieser Sinn sei seinerseits das Resultat oppositiver Beziehungen zwischen »marques«, in einem offenkundigen Zirkel. Ihm gegenüber besteht sogar Grund, die Positionen einer revidierten Phänomenologie als aussichtsreicher auszuzeichnen. Wenn indes der Neutrale Monismus und der Neostrukturalismus das Phänomen von Subjektivität explizit auf das Bestehen von *Relationen* zurückführen, tun das die phänomenologischen Positionen nur wider Willen. Der Schluß, den eine zirkelfreie Theorie von Subjektivität aus dem Scheitern beider und aller am optischen Modell des Vorstellens orientierten Bewußtseinstheorien überhaupt zu ziehen hätte, wäre aber, daß Subjektivität überhaupt kein Fall von Beziehung ist: weder einer Gegebenheit auf eine andere, noch einer Vorstellung auf ein Ich, noch eines Bewußtseins ›unmittelbar‹ auf sich selbst. Die Rekurrenz des Reflexivpronomens in diesen Formeln ist eine sichere Probe auf die Unhaltbarkeit des zugrundeliegenden Modells. Gewiß bleibt richtig, daß Relation eine *conditio sine qua non* für unsere Rede von Bewußtsein *von* etwas ist; seine *causa per quam* ist sie offensichtlich so wenig, daß die Bekanntschaft des Bewußtseins mit sich selbst durch diese Kategorie – die nur auf das Bewußtsein von Welt anwendbar ist – gar nicht erfaßt werden kann.

So haben Dieter Henrich und einige seiner Schüler – von Tugendhat als Vertreter einer ›Heidelberger Schule‹ des Selbstbewußtseins ausgezeichnet – in radikaler Abwendung von seiner durch die Umgangssprache nahegelegten Selbstdeutung als eines reflexiven Verhältnisses zwischen Gliedern einer Relation vorgeschlagen, das Phänomen der Selbstvertrautheit als *vollkommen irrelational* zu deuten versucht.

Henrich spricht von einer anonymen »Dimension« (*Selbstbewußtsein*, S. 278 und 280), Pothast von einem »gänzlich ›objektiven‹ Prozeß in dem Sinn, daß kein Moment eines wissenden Selbstbezugs daran auftritt« (*Über einige Fragen der Selbstbeziehung*, S. 76). Der Vorschlag ist nicht weit entfernt von aporetischen Lösungsversuchen im Spätwerk von Fichte, Schleiermacher und Schelling, aber auch Heidegger, wo Selbstbewußtsein als eine vom Absoluten oder vom Sein eröffnete Dimension der Verständlichkeit gedacht ist, die sich nicht mehr als den Urheber ihres Woher begreifen, doch aber nur aus einer Abhebung von der ›Welt‹, vom ›Vorhandenen‹ oder vom ›Wahrnehmungsfeld‹ faßlich wird, als dessen Synthesis es sich bewußt ist, mit dem es aber nicht zusammenfällt (vgl. Henrich, *Selbstbewußtsein*, S. 272).

Bewußtsein ist alsdann nicht mehr als etwas in einer Innenschau oder Introspektion Zugängliches zu beschreiben, denn jede Schau setzt ein Geschautes voraus, womit eine Relation in die Einfachheit von Bewußtsein eingeführt würde. Ebensowenig kann Selbstbewußtsein als Resultat eines zielgerichteten Unternehmens oder einer Identifikation verstanden werden, denn beide Operationen setzen entweder ein zeitliches Vor und Nach oder eine Dualität von distinkten Gegebenheiten voraus, die der Unbezüglichkeit des Phänomens widersprechen. Aus dem gleichen Grunde kann Bewußtsein auch nicht als Gegenstand eines ›Wissens‹ betrachtet werden, denn jedes Wissen erschließt etwas *als* etwas (im Lichte dieses oder jenes Begriffs); das Selbst ist aber *unmittelbar* mit sich bekannt. Freilich darf die Rede von der ›Objektivität‹ der Dimension von Bewußtsein auch nicht so verstanden werden, als lasse sich das Phänomen auf das reduzieren, was in Verhaltensweisen und Körpereigenschaften intersubjektiv zutage liegt. Gedanken und Phantasien *müssen* sich nicht intersubjektiv manifestieren, Gefühle können verborgen werden, ich kann meine intersubjektive Identität wie eine Rolle spielen usw. Die Tatsache, daß jedes Bewußtsein für sich selbst eine unhintergehbar letzte Gegebenheit ist, macht Descartes' Einsicht unüberholt. Es ist einfach ausgeschlossen, daß, wer gewisse Empfindungsprädikate anzuwenden gelernt hat, in Zweifel geraten kann, wann er eine Farbempfindung als ›blau‹ und eine Stimmung als ›heiter‹ interpretieren soll. Gleiches gilt nicht von Aussagen über Entitäten der physischen Welt und raum-zeitliche Ereignisse (l. c., S. 274 f.).

Die Verwendung des Pronomens ›ich‹ scheint prinzipiell Selbstreflexion (so automatisiert sie sein mag) vorauszusetzen. Das macht den Vorschlag attraktiv, die Dimension Bewußtsein als anonym und ichlos vorzustellen. Dennoch muß der Tatsache Rechnung getragen werden können, daß Reflexion und Ichbewußtsein aus der Anonymität dieser Dimension sich ausheben *können.* Zur Subjektivität gehört wesentlich Spontaneität. Ohne ein aktives Prinzip im Innern der Dimension wären Leistungen wie Konzentration auf einen Punkt und Absehen von allen anderen unerklärlich (l. c., S. 275 f.). Henrich schlägt vor, diesem aktiven Prinzip den Namen des ›Ich‹ oder ›Selbst‹ zu belassen, es aber nicht für das ursprüngliche Phänomen von Bewußtsein zu betrachten.

Wie ist dieses ursprüngliche Phänomen näher zu kennzeichnen? *Zunächst* als ein *Ereignis*, und nicht als Resultat einer intentionierten Handlung. Dies Ereignis muß als irrelational und ohne Bezug auf irgend etwas, in dem Bewußtsein nicht vorliegt, gedacht werden (l. c., S. 277,$_{2}$). Bewußtsein ist *zweitens* ein Ereignis, das eine Vielzahl anderer Ereignisse wie z. B. Wahrnehmungen und Gefühle möglich macht. Diese abgeleiteten Ereignisse sind untereinander synthetisch verbunden. Diese Bedingung gilt aber vom Bewußtsein selbst nicht, das man darum Grund hat als pures »Medium« oder eben als »Dimension« zu beschreiben (l. c., S. 277,$_{3}$). Bewußtsein ist *drittens* eine *ausschließende* Dimension. Es ist unsinnig sich vorzustellen (wie Husserl und einige Vertreter einer revidierten Phänomenologie es tun), daß sich zwei oder mehrere Bewußtseinsfälle überdecken oder einen gemeinsamen Bewußtseinsraum bilden. Kein Bewußtsein hat zu einem anderen denselben Zugang wie zu sich (l. c., S. 277,$_{4}$). *Viertens* ist anzufügen, daß die Dimension Bewußtsein »Kenntnis ihrer selbst« einschließt. Kein Bewußtsein *von* etwas anderem (als dem Bewußtsein selbst) ist denkbar, ohne daß dieses Bewußtsein mit sich bekannt ist. (Das drückte Fichte in dem Satz aus, alles Bewußtsein setze Selbstbewußtsein voraus.) Dies Mit-sich-Vertrautsein ist, wie Hermann Schmalenbach richtig betont hat, lediglich ›implizit‹. Damit ist aber nicht gesagt, es sei mithin bloß virtuell. Bewußtsein kann auf Virtualitäten gehen, es ist aber stets ›in actu‹, niemals ›in potentia‹ (vgl. Sartre, *CC*, S. 64,$_{1}$). Mit ›implizit‹ ist nur gesagt, daß Bewußtsein, um mit sich vertraut zu sein, anders als es die Sprache uns suggeriert, nicht nötig hat, auf sich zu reflektieren.

Insofern muß die Vertrautheit als eine interne Eigenschaft der Dimension ›Bewußtsein‹, nicht als ein zusätzliches Ereignis, verstanden werden (Henrich, *Selbstbewußtsein,* S. 277f.).

Die Vertrautheit schließt keinerlei Wissen ein, sie ist als unmittelbare überhaupt nicht begrifflich mediatisiert. Das erklärt, warum die Umgangssprache, die die Semantik von ›Bewußtsein‹ gerne mit ›Wissen‹ oder ›Reflexion‹ identifiziert, das implizite Mit-sich-Vertrautsein als unbewußt oder vorbewußt bezeichnet. Da präreflexives Selbstbewußtsein nicht das Ergebnis einer rationalen Operation ist (sondern deren unhinterfragbaren Grund darstellt), versteht man Formulierungen wie die von Freud, daß das Bewußtsein nicht Herr sei im eigenen Hause.[1] Es hat sich nicht selbst ins Sein gebracht, und es gebricht ihm, wie schon Husserl hervorgehoben hat, an adäquatem Selbstverständnis (*Cartesianische Meditationen,* § 9). Das ursprünglich ichlose Bewußtsein erwirbt diese Adäquation allenfalls im nachhinein, durch vernünftige Reflexion, deren Prinzip sich im Innern des Bewußtseins entfaltet (l. c., S. $278_{,2}$). Sie ist das Werk jener Spontaneität, die Kant mit Recht mit dem Begriff des Ich in Verbindung brachte. Ohne sie wären Phänomene wie Konzentration, Voraussicht und Erinnerung unverständlich. Da sie der Dimension Bewußtsein zugehört, gilt auch für sie die Eigenschaft der Vertrautheit-mit-sich. Sie ent-

1 Daß Selbstbewußtsein kein Fall von Wissen oder von expliziter Reflexion ist, hat mehrere Theoretiker dazu veranlaßt, ihm den Status des Vorbewußten oder gar des Unbewußten zuzuschreiben. Das ist aber letztlich eine Frage der Terminologie, über die ich nicht streiten möchte. Kennt man – wie Leibniz, Descartes oder Kant – keine terminologische Unterscheidung zur Bezeichnung der Differenz zwischen Bewußtsein ersten Grades und reflexivem Aufmerken auf dieses Bewußtsein, dann mag es einleuchtend erscheinen, konform mit unserer Umgangssprache von Bewußtsein zweiten Grades als vom Fall eines Wissens zu sprechen – das Ungewußte erscheint alsdann, wie bei Freud, als das Un*be*wußte. Man versteht dann auch die Wendung, wonach das Ich (im Sinne von Bewußtsein zweiten Grades) nicht Herr sei im eigenen Hause. Diese Redeweise, die ich für völlig legitim halte, verlangt aber eine Aufklärung über die prinzipielle Möglichkeit, daß im Verlauf z. B. eines psychoanalytischen Gesprächs das Ich sich als den Träger seiner eigenen ungewußten Geschichte wiedererkennen kann, was im Falle einer ontischen Trennung beider topischen Bereiche gänzlich ausgeschlossen sein würde. Übrigens müßte noch für den Fall, daß wissender Selbstbezug nur ein kleiner Fleck auf der dunklen Karte des Unbewußten (oder daß er ein Ort des Verkennens) wäre, die *Struktur* dieses hellen Flecks oder dieser Verkennung einleuchtend beschrieben werden können. Die Freudsche Theorie – ebenso die Lacansche – sind aber meines Erachtens noch nicht so weit fortgeschritten, um diese Beschreibung aus eigenen Mitteln erbringen zu können.

springt aber aus dieser an ihr selbst anonymen Dimension. Die letztere zum Ergebnis einer Ichaktivität zu machen, hieße in den Zirkeln des egologischen Modells sich verstricken.

Jedenfalls ist die Minimalbedingung einer widerspruchsfreien Thematisierung von Selbst und Bewußtsein erfüllt: Eine Selbstbeziehung kommt dem Bewußtsein allenfalls insofern zu, als wir uns über es verständigen: Es ist Bewußtsein und Kenntnis von Bewußtsein in einem und somit, in unserer schwer vermeidbaren, aber mißverständlichen Rede: Kenntnis von sich. Die wissende Selbstbeziehung, die in der Reflexion vorliegt, ist kein Grundsachverhalt, sondern ein isolierendes Explizieren, aber nicht unter der Voraussetzung eines wie immer gearteten implizierten Selbstbewußtseins, sondern eines (impliziten) selbstlosen Bewußtseins vom Selbst (l. c., S. 280).

Vom Subjekt-überhaupt zur Person

In den bislang vorgestellten Entwürfen zu einer Theorie des Selbstbewußtseins war von Subjektivität als von einem Allgemeinen die Rede: einem Phänomen, das jedes bewußte Wesen mit allen anderen seinesgleichen gemein hat. Es hat gewiß die Mühe gelohnt, seine Struktur zu beschreiben, ohne den bekannten Widersprüchen sich auszusetzen. Dennoch wollten wir mehr: wir wollten wissen, wie Subjektivität-im-allgemeinen mit dem Bewußtsein zusammenhängt, durch welches wir uns als einzigartige Einzelwesen auffassen.

Jahrhundertelang hat die philosophische Terminologie zwischen Personalität (der Seinsweise eines besonderen) und Individualität (der Seinsweise eines einzelnen Subjekts) nicht streng unterschieden. Diese Unterscheidung, die, soviel ich sehe, durch Friedrich Schleiermacher in die Begrifflichkeit der Selbstbewußtseinsdiskussion eingeführt worden ist, ist den großen idealistischen Systemen von Fichte bis Hegel noch kaum bekannt. Individualität (oder Personalität) wird dort für eine nähere Bestimmtheit des absoluten Ichs angesehen. Alle Bestimmung beruht auf Negation, im Sinne von Andersein-als ... Wer sich selbst durch ›ich‹ bezeichnet, vollzieht damit zwei Arten von Ausschlüssen. Er unterscheidet sich zunächst von allem, was nicht den Charakter des Ich hat, also vom Nicht-Ich. Das ist die grundlegende Negation, durch welche das Ich sich als Subjektivität-im-allgemeinen bestimmt und vom Gesamt des gegenständlich Seienden unterscheidet. Eine zweite Ausdifferenzierung seiner Bestimmtheit besteht sodann für das Ich in seiner Unterscheidung von anderen Wesen, deren Seinsweise die Subjektivität ist, und durch diese zweite Handlung – so nehmen Fichte und der frühe Schelling an – bestimmt sich das Ich als Individuum oder Person (womit etwa das bezeichnet ist, was Kant das »empirische Ich« oder die »persona psychologica« genannt hatte).

›Empirisch‹ meint ›in Raum und Zeit existierend‹. Fichte, Schelling und Hegel leugnen keineswegs, daß eine so bestimmte Person sich nur im Kontext intersubjektiver Anerkennung gegeben ist. Fichte und Schelling – anders als Hegel (oder Mead oder Habermas) – gingen aber nie so weit zu behaupten, was *nicht ohne* intersubjektive Ausgrenzung möglich sei, sei darum schon *durch* Intersubjektivität erklärbar: Ich kann ein *anderes* Ego als ein anderes *Ego* nur bestimmen, wenn ich zuvor schon mit Subjektivität – wie immer rudimentär – vertraut war. In diesem Sinne konnte Fichte ganz richtig bemerken, daß ein von fremder Freiheit an mich ergehender Appell mir als solcher nur unter der Voraussetzung verständlich und begreiflich werden kann, daß ich zuvor schon wußte, was Freiheit ist und daß ich allein ihre Sphäre nicht erschöpfe (*Werke,* hg. von I. H. Fichte, Berlin 1845/6, Band III, $36_{,3}$). Die radikal intersubjektivistisch-genetische Theorie des Selbstbewußtseins setzt sich dem gleichen Einwand aus wie die am gegenstandstheoretischen Modell von Selbstbewußtsein als Reflexion orientierte. Jean-Paul Sartre hat es, in vollkommen schlagender Weise, an Hegels Kapitel über Herr und Knecht gezeigt (*L'être et le néant. Essai d'ontologie phénoménologique,* Paris 1943, S. 291-300, 307ff.).

Es versteht sich von selbst, daß, wenn – gemäß idealistischer Prämisse – jede Bestimmtheit das Werk einer Entgegensetzung ist, das Subjekt-überhaupt seiner Individualität sich nur bemächtigen könnte, wenn es sich anderen Subjekten entgegensetzt. Als Vernunftwesen verfügt das Subjekt über den Begriff eines Zwecks (welcher jedem Handeln vorangeht). Es schaut sich mithin als individuell bestimmt an, sowie es sich nicht mit Gegenständen, sondern mit fremden Zwecken konfrontiert sieht, als deren Urheber es nicht sich selbst anschauen kann. In den Paragraphen 3 und 4 seiner *Grundlage des Naturrechts nach Principien der Wissenschaftslehre* (Fichte, *WW* III, S. 30-56) zeigt Fichte zunächst, daß das endliche Vernunftwesen sich in der sinnlichen Welt keine freie Wirksamkeit zuschreiben kann, ohne sie anderen Subjekten ebenfalls zuzuschreiben, anders gesagt: ohne das Dasein anderer Vernunftwesen außer ihm anzunehmen; sodann, daß das endliche Vernunftwesen nicht noch andere seinesgleichen außer sich annehmen kann, »ohne sich zu setzen, als stehend mit denselben in einem bestimmten Verhältnisse, welches man das Rechtsverhältnis nennt«.

Schelling hat diesen Gedanken in Fichtes Nachfolge im *System des transzendentalen Idealismus* genauer ausgeführt (Schellings *sämmtliche Werke*, hg. von K. F. A. Schelling, Stuttgart 1856-61, I/3, 538-557). Er bringt ihn auf die frappante Formel, daß die Anschauung der Handlung fremder Intelligenzen außer mir die ›Bedingung meines eigenen Selbstbewußtseins‹ sei, insofern ich nicht nur ein Bewußtsein-überhaupt, gleichsam ohne Grenzen und Bestimmungen, sondern dieses konkrete, allseits determinierte Subjekt bin (I/3, 545/6).[1] Nun entspricht die Formel des auf alle Weise Bestimmtseins genau der Definition, welche die scholastische Tradition fürs Individuum als *ens omnimodo determinatum* vorgesehen hatte.

Fichte macht übrigens gar keinen Unterschied zwischen ›Individuum‹ und ›Person‹ – beide sind empirische Entitäten im Unterschied zum unbedingten Ich. Ich möchte das exemplarisch belegen an einer wenig bekannten Passage aus einer studentischen Nachschrift von Fichtes Kolleg über die *Wissenschaftslehre nova methodo* (1798, hg. von Hans Jacob in: Fichtes *Nachgelassene Schriften*, Berlin 1937, Bd. 2, S. 583):

> Das bestimmte Ich ist reiner Geist; sonach muß auch das Bestimmbare dazu rein geistig sein. Dieses ist ein Vernunftwesen außer mir. Also das Entstehen meiner als *Individuum* ist etwas *genetisches*. Ich erzeuge als Individualität mich selbst, dadurch daß ich mich herausgreife aus der Masse des Bestimmbaren, aus der Masse der Vernunfttätigkeit.
> In der gedruckten Wissenschaftslehre ist das reine Ich zu verstehen als Vernunft überhaupt, die von der persönlichen Ichheit ganz verschieden

1 Diese Deduktion verdient größere Aufmerksamkeit. Ich habe sie eingehend dargestellt und interpretiert in *Der unendliche Mangel an Sein. Schellings Hegelkritik und die Anfänge der Marxschen Dialektik*, Frankfurt/Main 1975, S. 94-102.

ist. Das Verhältnis dieser beiden Begriffe, nämlich der Vernunft überhaupt und der Individualität kommt lediglich daher, daß der Begriff der letztern erzeugt wird durch das Herausgreifen aus der Masse der Mannigfaltigkeit. Durch das bis jetzt gesagte ist uns nun folgendes klar geworden.

a) Ein Selbstbewußtsein ist nicht möglich ohne Bewußtsein der Individualität.
b) Das Sollen oder der kategorische Imperativ ist ein theoretisches Prinzip.

In dem Bestimmtsein müssen wir ein Bestimmbares hinzu denken; wir werden also zur Annahme einer Welt vernünftiger Wesen außer uns getrieben. Ich bin Person heißt: Ich bin begrenzt. Diese Begrenztheit ist die Pflicht, und zufolge dieser begrenzt zu sein, ist die Individualität.

Fichte bestimmt Individualität als »etwas *genetisches*«. Damit will er sagen: etwas Konkretes, das in kontinuierlicher Ableitung aus dem Konzept eines schlechthin Allgemeinen durch fortlaufende Bestimmung hervorgeht. Ein solches Endprodukt eines kontinuierlichen Bestimmungsprozesses ist das Besondere. Sein Wesen ist dem des Allgemeinen nicht entgegengesetzt, es besteht vielmehr als dessen Spezifikation. Darin ist es dem Individuum entgegengesetzt, wenigstens wenn man Individualität – anders als Fichte – als ein Einzelnes definiert, das nicht kontinuierlich aus einem Allgemeinen abzuleiten ist (oder dessen Ableitung Urteilskraft voraussetzt).

Es versteht sich, daß die Individualität, so wie Fichte sie definiert, keinerlei Wert für ihn verkörpert. Da sie nichts ist als ein Ausfluß der unvermeidlichen Begrenzung der unendlichen Freiheit, besteht das oberste Ziel aller Erziehung darin, die Schranken der Individualität zu überschreiten. Fichte spricht gar von der »unbedingten Verwerfung aller Individualität« zugunsten der »Gleichheit« aller im »Begriff der Gattung« (*WW* VII, S. 69): sie ist das Ziel aller Bildung. Noch stärker ist die folgende Formulierung: »Anfang und Ende und ganzes Wesen [meines] Systems geht darauf, dass die Individualität theoretisch vergessen, praktisch verläugnet werde« (*WW* I, 516/7). Denn »nur die Vernunft ist ewig; die Individualität aber muß unaufhörlich sterben« (l. c., S. 505).

Die analytische Position, als deren charakteristischste Vertreter ich Peter Strawson und Ernst Tugendhat anführe, weist nun in die gerade entgegengesetzte Richtung. Ihr Vorschlag, vom Ich (dem nominalisierten Pronomen der ersten Person Singular) zum ›ich‹ (dem nicht-nominalisierten, im Satz als grammatisches Subjekt dienenden Pronomen) abzusteigen, bleibt der von Fichte und Schelling gegebenen Definition von ›Individuum‹ darum nicht minder verbunden.

Das Individuum ist die Person, als solche identifizierbar, empirisch: ein Seiendes in Raum und Zeit. Peter Strawson hat in *Individuals* die (dann u. a. auch von Tugendhat übernommene) starke These vertreten, daß die Rede von Identifikation überhaupt nur im Hinblick auf Einzeldinge in Raum und Zeit sinnvoll sein kann. Er hat auch gezeigt, daß solche Identifikation raumzeitlicher Einzeldinge nicht ohne den Gebrauch von Indexwörtern (wie Demonstrativa, deiktische Ausdrücke usw.) auskommt und nicht – wie Leibniz glaubte – durch vollständige Beschreibungen mit Hilfe genereller Termini (Begriffe) ohne direkten oder indirekten Rekurs auf Zeigewörter ersetzt werden kann. Das Raum-Zeit-Kontinuum umschreibt ein einheitliches System der Kenntnis von Einzeldingen, von denen wir, durch Identifikation, eines herausgreifen und als dieses von allen anderen unterscheiden. Dies gilt auch von uns selbst, insofern wir Personen sind, d. h. Seiende von der Art, daß ihnen sowohl Bewußtseinszustände als auch körperliche Eigenschaften zugeschrieben werden können (*Individuals*, London 1959; dt. *Einzelding und logisches Subjekt*, Stuttgart 1972, S. 130). Eine Pointe des »Personen«-Kapitels in *Individuals* besteht nun darin, daß Strawson aufgrund dieser theoretischen Weichenstellung bestreitet, daß wir auf Bewußtseinszustände überhaupt identifizierend uns beziehen können, ohne zunächst die Person identifiziert zu haben, der wir diese Bewußtseinszustände zusprechen (l. c., S. 125). Damit ist dem Gegenstand, auf den die Personalpronomina (und unter ihnen in ausgezeichneter Weise ›ich‹) Bezug nehmen, eine erstrangige Position zuerkannt. Sie schließt eine klassische Alternative neuzeitlicher Bewußtseinstheorien mit gleicher Prägnanz aus: erstens die Position Descartes' und seiner Nachfolger, derzufolge Bewußtseinszustände mit Gewißheit nur dem Subjekt des Bewußtseins, nicht demjenigen des Körpers zugesprochen werden dürfen; und zweitens die in der Frühzeit des Wiener Kreises vertretene Ansicht, daß psychische Prädikate (z. B. Erfahrungen) einem individuellen Ding, dem Körper, zugesprochen werden müssen, nicht aber von einem Ego ›besessen‹ oder ›gehabt‹ werden. Das erste Glied der Alternative wird bestritten mit dem Argument, daß ein solches transzendentales Subjekt der Erfahrungen sich gar nicht identifizieren und mithin von anderen Subjekten gar nicht abgrenzen könnte (alle Erfahrungen bestünden nur für es; sind indes *alle* Bewußtseinserlebnisse ›meine‹, so gehören sie niemandem, mangels Distinktheit des so gefaßten Subjektbegriffs [l.c., S. 129,1; S. 131 f.]), denn alle Identifikation setzt ein Raum-Zeit-Gefüge, mithin körperliche Qualitäten voraus. Das zweite Glied der Alternative (Strawson faßt sie unter dem Titel »Theorie des ›Nicht-Besitzens‹«) wird widerlegt mit dem Hinweis auf den inneren Widerspruch im Argument: Ich kann das Zutreffen oder Nicht-Zutreffen eines Erlebnisses auf einen Körper nur in Wendungen explizieren/entscheiden, die das Personalpronomen ›mein‹ bereits in Anspruch nehmen. Würden die Erlebnisse nicht auf einen zutreffen, der sich selbst mit ›ich‹ bezeichnet, so würden sie auf niemanden zutreffen. Sie können zudem nicht unabhängig von diesem ihrem Zutreffen auf jemanden als Erlebnisprädikate identifiziert werden. Denn, wie wir sahen, »Zustände und Erlebnisse (...) *verdanken* ihre Identität als Einzeldinge der Identität der Person, deren Zustände oder Erlebnisse sie sind« (l.c., S. 125). Wenn also Erlebnisprädikate die ihnen eigene Identität nur erwerben in Anlehnung an die Identität der Person, von der sie gelten, dann muß ausgeschlossen werden, daß man den Besitz von psychischen Prädikaten – wie Wittgenstein und Schlick es in einer frühen Phase ihres Philosophierens behaupteten – übertragen kann (die hiermit bestrittene Prämisse lautet, daß nur teilbare Eigenschaften überhaupt besessen werden können). Ein subjektloses Besitzen ist aber ein widersprüchlicher Gedanke, auf dessen Grundlage das Person-Subjekt von Zuständen gar nicht mehr identifiziert werden könnte, womit diese Zustände selbst ihre Identitätsanzeige verlören.

Man könnte glauben, daß Strawson damit den Gedanken überhaupt verwirft, wonach nur diejenigen Eigenschaften (bzw. Prädikate), deren Besitz logisch übertragbar (sharable) ist, von Substanzen (bzw. grammatischen Subjekten) besessen werden können. Seine Idee ist vielmehr, daß mit dem Gedanken der Teilbarkeit noch nicht die Person identifiziert ist, der man Eigenschaften zuspricht. Die Eigenschaften (Bewußtseinszustände), die man einer Person zuspricht, können darum aber ohne Verlust ihrer semantischen Identität auch einer anderen zugesprochen werden: Die Regel des Gebrauchs dieser Prädikate ändert sich nicht, wenn das Subjekt, dem sie zuerkannt werden, sich ändert. Man könnte hier vom *Prinzip der semantischen Symmetrie* zwischen Selbst- und Fremdzuschreibung von Bewußtseinsprädikaten sprechen (vgl. l. c., S. 127, S. 139f.). Die Verwendung des Prädikats ›ist verliebt‹ folgt derselben Regel, ob ich das Prädikat mir selbst oder einer anderen Person zulege (im ersten Falle muß ich nicht auf Beobachtungskriterien zurückgreifen, ich fühle es unmittelbar, im zweiten beobachte ich das Zutreffen, ohne es selbst zu fühlen).

Wir haben es hier mit einer Klasse von Prädikaten zu tun (...), für deren Bedeutung wesentlich ist, daß sie ein und demselben Individuum sowohl von sich selbst als auch von anderen zugeschrieben werden können, wobei die Selbstzuschreibung auf einer anderen Basis erfolgt als der Verhaltensbeobachtung, die der Fremdzuschreibung zugrunde liegt. Das heißt nicht, daß diese Prädikate zwei Arten von Bedeutung hätten. Es ist vielmehr wesentlich für ihre besondere Art von Bedeutung, daß beide Möglichkeiten der Zuschreibung völlig in Ordnung sind (l. c., S. 141,$_2$).

Ich komme auf das Merkmal der semantischen Symmetrie zwischen (und der asymmetrischen Zugangsweise zu) Bewußtseinszuständen aus der ›ich‹- und aus der ›er‹-Perspektive zurück. Im unmittelbaren Kontext interessiert uns allein Strawsons These von der Unhintergehbarkeit und Ursprünglichkeit des Person-Begriffs. Die Person steht im Schnittpunkt der sogenannten geistigen und der körperlichen Welt. Nur kraft ihrer Mitgift aus dem Raum-Zeit-Kontinuum kann sie identifiziert werden, und nur kraft dieser Identifikationsmöglichkeit können Bewußtseinszustände sich – im Sinne Strawsons – ›individualisieren‹, d. h. einer bestimmten Person zugesprochen werden. Wäre das Person-Subjekt rein geistig – wie das Cogito Descartes' –, so wäre, meint Strawson, gar nicht einzusehen, wie wir zu der Idee einer Pluralität von Erfahrungssubjekten gelangen könnten, d. h., warum wir semantisch gleichbedeutende Prädikate unterschiedlich identifizieren, d. h. raum-zeitlich unterschiedenen körperlichen Personen zuordnen (l. c., S. 130f.). Der Begriff der Person ist mithin »logisch primär« gegenüber dem, was Strawson das »individuelle Bewußtsein« nennt (l. c., S. 133).

Der »Abstieg vom Ich zum ›ich‹«, den Ernst Tugendhat in seinen sprachanalytischen Interpretationen von *Selbstbewußtsein und Selbstbestimmung* (Ffm. 1979, S. 68, hinfort zit.: *SuS*) empfiehlt, ist Strawsons Grundeinsicht in vieler Hinsicht verpflichtet. Auch er ersetzt die Rede vom (absoluten, rein geistigen) Ich durch das

Pronomen der ersten Person singularis, welches – wie schon die grammatische Kennzeichnung verrät – auf die Person verweist. Diese Person ist eine empirische (raum-zeitliche) Entität, die freilich wesentlich durch das Bewußtsein ausgezeichnet ist, das sie von sich selbst besitzt. Wenn aufgrund der Erklärung, die Tugendhat uns von der Verwendung des Indexwortes ›ich‹ liefert, kein Zweifel mehr daran bestehen kann, *wer* (d. h. welche Person) mit dem Pronomen der ersten Person Singular gemeint (anders gesagt: identifiziert) wird, ist doch die Frage nach der Art, wie diese Person mit sich vertraut ist, noch gar nicht berührt. Das gleiche gilt für Strawsons Verlagerung des erkenntnistheoretischen Problems auf eine semantische Ebene. Wir interessieren uns aber insbesondere für die erkenntnistheoretische Dimension, die, fürchte ich, von der semantischen eher verschluckt als durchsichtig gemacht wird.

Man ahnt, daß Tugendhat uns die Diät, welche der Abstieg vom Ich zum ›ich‹ (vom absoluten zum empirischen Subjekt) darstellt, vor allem darum verschreibt, weil er der Ansicht ist, daß die Heidelberger Schule einesteils der letzte Ausläufer der traditionellen Selbstbewußtseinstheorie ist und daß andererseits diese Theorie gerade aufgrund ihres Ausgangs von einem Subjekt-überhaupt sich in unauflösliche Paradoxien verstrickt. Der Angriff auf die Heidelberger Schule geschieht mithin aus dem Motiv, einer ganzen Tradition, deren »erkennbaren Endpunkt« jene darstelle, nachzuweisen, daß sie sich auf dem Holzweg befindet (*SuS*, S. $51_{,2}$).

Besagte Tradition, meint Tugendhat, halte das Phänomen des Selbstbewußtseins für unauflösbar paradox. Die Heidelberger Schule habe im Grunde nur die (egologischen und nicht-egologischen) Paradoxe Fichtes und Brentanos ins Extrem gesteigert, ohne uns einen Ausweg aus ihnen vorzuführen. Statt die gesamte Tradition, welche das Phänomen nur in paradoxen Wendungen zu charakterisieren vermag, insgesamt in Frage zu stellen, habe die Heidelberger Schule diese Wendungen übernommen und sei so weit gegangen zu erklären, das Phänomen selbst sei durch die Struktur des Paradoxes ausgezeichnet. In Wahrheit gebe es keine paradoxen Phänomene, und eine Theorie, die sich nur in Paradoxen zu artikulieren vermöge, signalisiere damit nur, daß sie sich unangemessener kategorialer Mittel bediene (l. c., S. 11).

Damit nicht genug: indem die Heidelberger Schule die Struktur des Phänomens unserer Vertrautheit mit uns selbst als das zugleich unannehmbare und unvermeidliche Paradox einer Selbst-Voraussetzung aufgewiesen habe, habe sie, statt die Logik des zugrundeliegenden Phänomens zu erklären, das Phänomen »zum Verschwinden« gebracht. Um das zu belegen, bezieht sich Tugendhat vor allem auf die schon zitierte Formulierung von Ulrich Pothast, wonach das Bewußtsein zu denken sei »als gänzlich ›objektiver‹ Prozeß in dem Sinn, daß kein Moment eines wissenden Selbstbezugs daran auftritt« (Pothast, l. c., S. 76). Diese Formulierung, meint Tugendhat, halte der Tradition nur in letzter Konsequenz die Treue, so zwar, daß sie sie in einer äußersten Übersteigerung ad absurdum führe (*SuS*, S. 54,$_{2}$). Überzeugt von der Unmöglichkeit, Selbstbewußtsein auf das Spiel zweier Reflexe (also auf die Relation) zurückzuführen, und gleichwohl ohne positive Alternative zu diesem Modell, hätten Henrich und Pothast das Phänomen einfach aufgegeben. In diesem Sinne kann Tugendhat die Theorie der Heidelberger Schule als einen deutlichen Endpunkt der Tradition dieses Modells bezeichnen.

In Tugendhats Augen ist Selbstbewußtsein sehr wohl eine Wissens-Relation, aber nicht zwischen einem Ich-überhaupt und einer objektiv(iert)en Vorstellung desselben, sondern zwischen einer empirischen Person (im Sinne Strawsons) und einem psychischen Sachverhalt, wie ihn eine Proposition sprachlich wiedergibt. Statt festzustellen, daß das einzig traditionell verfügbare Modell die Struktur von Selbstbewußtsein *nicht* aufklärt, greift Tugendhat dieses Modell selbst an als unangemessen, da unbewußt von der Metapher des inneren Sehens (dem optischen Modell) geleitet: als betrachte sich ein Subjekt-Auge als Gegenstand seiner eigenen Vor-stellung. Das Scheitern dieses Modells lade nun im Gegenzug mitnichten dazu ein, das Phänomen als paradox auszugeben, sondern vielmehr dazu, mit ihm in aller Entschiedenheit zu brechen und das optische Modell als schlicht falsch zu verwerfen.

Worin besteht denn genau die Abwegigkeit dieses Modells? Tugendhat will es uns auf dem Umweg über eine grundsätzliche Reflexion auf die Struktur der Sätze zeigen, in welchen wir psychische Erlebnisse artikulieren. In der Tat sind die Sätze, in denen intentionale »Akte« oder »Erlebnisse« artikuliert werden, nicht zweigliedrig, sondern dreigliedrig: sie drücken nicht die Beziehung einer Intention auf einen Gegenstand, sondern auf einen

»Sachverhalt« aus. Ein Sachverhalt ist aber nichts, auf das sich durch nominale Ausdrücke verweisen ließe. Er ist selbst etwas Synthetisches, das aus mindestens zwei Momenten besteht: (im Falle des einfachsten Beispieles, des singulären Satzes) aus dem Gegenstand eines singulären Terminus und aus dessen Charakterisierung durch einen Prädikationsakt. Anders gesagt: ein *Sachverhalt* ist keine *Sache*, sondern die Beurteilung einer Sache durch eine Prädikation: ›Von A trifft zu, daß es b ist.‹ Dem entspricht die alte aristotelische, von Heidegger wiederaufgegriffene Insistenz auf der Als-Struktur aller Aussagen: ›das Seiende *als* dieses oder jenes‹.

In Wahrheit sehe ich nie – wie das Intentionalitäts-Modell es nahelegt – Sachen, sondern immer Sachverhalte, d. h. komplexe Sachen oder Sachen, die sofort mit Eigenschaften ausgestattet sind. (Ich sehe z. B. nicht, wie Husserl uns glauben machen möchte, zuerst das Heidelberger Schloß und synthetisiere mit dieser Wahrheit erst dann die andere, daß es rot ist; im Gegenteil: die Proposition, durch die Sachverhalte ausgedrückt werden, ist das sowohl epistemische als auch semantische Minimum alles sinnvollen Intendierens und Sprechens über Gegenstände von Bewußtseinserlebnissen.) Wenn das zutrifft, muß ich meine Rede vom Etwas-Sehen korrigieren; ich sehe nicht etwas (wobei ›etwas‹ für einen Gegenstand steht), sondern ich sehe, *daß* etwas in bezug auf ein anderes Etwas der Fall ist (auszudrücken durch einen propositionalen Ausdruck). Die von der sprachanalytischen Philosophie so genannte *propositional attitude* ist die Grundform alles intentionalen Bewußtseins, auch des Selbstbewußtseins. Auch von mir selbst gilt, daß, wenn ich auf meine inneren Zustände reflektiere, ich es tue in der Weise: »Ich weiß (oder fühle oder ahne oder verstehe usw.), *daß* ich p«, und nicht in der Weise: »Ich schaue an mein Fühlen, Denken oder Verstehen«. Tugendhat bemerkt dazu:

Der Nachweis, daß alles intentionale Bewußtsein propositional ist, gibt dem sprachanalytischen Programm einer Satztheorie einen zusätzlichen historischen Stellenwert: wie die Frage der Ontologie nach dem Seienden als Seienden aufgeht in der Frage nach dem Verstehen des Satzes, so geht auch die Frage nach dem Bewußtsein auf in der Frage nach dem Satzverstehen (*Vorlesungen zur Einführung in die sprachanalytische Philosophie*, Ffm. 1976, S. 103).

Darauf ist Tugendhat in seinen Vorlesungen über *Selbstbewußtsein und Selbstbestimmung* zurückgekommen. In der Einleitungsvorlesung bezieht er sich noch einmal (kritisch) auf Husserl, der das Selbstbewußtsein in Analogie zu dem Bewußtsein beschrieben habe, das wir auf Gegenstände richten (»intentionale Erlebnisse« wie Wahrnehmen, Wissen, Lieben, Hassen, Begehren, Beabsichtigen usw., solche also, die unsere Sprache mit einem direkten Akkusativ konstruiert). Gewiß hat Husserl in bezug auf die Intentionalität das krude Repräsentations-Modell verworfen: das Bewußtsein liefert nicht so etwas wie einen Stellvertreter des Gegenstandes, es »konstituiert« ihn vielmehr (und auch das mit dem Vorbehalt, nichts über seine Existenz, sondern nur etwas über sein Wesen auszumachen). In einem tieferen Sinne entkommt Husserl dem Repräsentations-Modell aber doch nicht: er hält das »Gerichtetsein des Bewußtseins auf...« für die Beziehung eines Bewußtseinssubjektes auf einen Gegenstand. Als Modell dient ihm die eben kritisch beleuchtete Metapher des Sehens, die selbst eine altabendländische Tradition hat (νοεῖν, θεωρεῖν, εἰδέναι, ἰδέα usw. sind Ausdrücke, die ursprünglich ein sinnliches Wahrnehmen oder Vernehmen bezeichneten). Gewiß ist der Gegenstand des Bewußtseins ein Sachverhalt, also etwas Komplexes. Husserl glaubt aber, dem dadurch Rechnung tragen zu können, daß er ihn als aus synthetischen Akten zusammengesetzt erklärt, z. B. aus Synthesen von Akten, die den Gegenstand selbst, und solchen, die seine Zuständlichkeit konstituieren. So auch das Selbstbewußtsein: Wie wir sahen, hält Husserl es – seit den *Ideen* – für die Synthese eines invarianten Ich-Pols und einer wechselnden Menge ihm zugeordneter Bewußtseins-Erlebnisse. Dahinter steckt allemal das Modell eines direkten *Vorstellens* oder *Sehens*. Dieses Modell aber, meint Tugendhat, widerspricht der Art und Weise, wie uns Selbstbewußtsein sprachlich gegeben ist (*SuS*, S. 18).

Wenn wir solche Bewußtseinsrelationen wie Wünschen, Meinen, Wissen, Beabsichtigen, Befürchten betrachten, so stellen wir fest, daß ihr grammatisches Objekt nie ein Ausdruck ist, der einen gewöhnlichen Gegenstand bezeichnet, einen raumzeitlichen Gegenstand, sondern ihr grammatisches Objekt ist immer ein nominalisierter Satz. Man kann nicht raumzeitliche Gegenstände wünschen, wissen usw.; wenn man etwas wünscht usw., wünscht man immer, daß etwas der Fall sei oder wäre; der Ausdruck »ich weiß« läßt sich nicht ergänzen durch solche Ausdrücke wie »den Stuhl«,

»den Herrn X« usw., sondern »ich weiß, daß es heute regnet«, oder »daß dieser Stuhl braun ist«, oder auch, »daß hier ein Stuhl steht« (l. c., S. 18f.).

Das »Etwas« also, auf das sich Ausdrücke des intentionalen Bewußtseins richten, ist kein Gegenstand, sondern ein zusammengezogener (ein nominalisierter) *Satz* »daß p (der Fall ist)«, also z. B. »daß es heute regnet«, »daß ich mich gut fühle«, »daß ich dich verliebt anschaue« usw. Gegenstände dieser Art (zusammengezogene Sätze) hat Husserl »Sachverhalte« genannt, die Angelsachsen sprechen von »Propositionen«, »und man nennt deswegen in der englischen Philosophie diejenigen intentionalen Erlebnisse, deren Gegenstände Propositionen sind, *propositional attitudes,* also Einstellungen zu Propositionen« (l. c., S. 19).

Das gilt nun eben nach Tugendhats Ansicht auch für diejenigen intentionalen Akte, die sich selbst thematisieren (reflektieren). Das ›etwas‹ in der Struktur des ›Bewußtseins von etwas‹ sei auch hier eine zusammengezogene oder nominalisierte Proposition: »Es hat oder impliziert die Struktur *Bewußtsein daß p*« (l. c., S. 21). Wenn es sich, wie Tugendhat weiter annimmt, beim Selbstbewußtsein um ein Wissen handelt, so gilt auch für es, daß es die Struktur *Wissen daß p* aufweist. Man kann demnach nicht ein Erlebnis wissen, sondern nur, *daß* jemand (z. B. ich selbst) sich darin befindet; womit schon gesagt ist, daß es kein Wissen von einem isolierten Selbst gibt (von einem »Ich«), sondern nur von einem ihm in Prädikatform zuerkannten kognitiven oder emotionalen oder volitiven Sachverhalt, dessen Seinsweise die Sprachanalyse als eine sprachliche Entität – eben als eine Proposition – enthüllt. In diesem Sinn ist klar, daß die sprachanalytische Philosophie der Vorstellung leidenschaftlich widerspricht, es gäbe ein nicht-propositionales (und insofern übersprachliches) intentionales Bewußtsein einschließlich des Selbstbewußtseins. (Das hindert Tugendhat freilich nicht daran, Husserl darin verpflichtet zu bleiben, daß er das Selbstbewußtsein für einen Sonderfall des intentionalen, des ›setzenden Bewußtseins‹ *von* etwas hält, also für einen Fall von Reflexion, als Objekt eines *Wissens;* mit dem einzigen Unterschied, daß dies Objekt fortan für eine Proposition, und nicht länger mehr für ein isoliertes Wesen zu gelten hat.)

Wer, wie wir, vor allem an der erkenntnistheoretischen Dimension von Selbstbewußtsein interessiert ist, neigt an dieser Stelle vermutlich zu folgender Rückfrage: Impliziert die Struktur unseres Diskurses über einen Gegenstand, daß dieser Gegenstand ebenso strukturiert ist wie unser Diskurs (also eine Isomorphie zwischen Referent und Rede)? Welches auch immer die Struktur einer Proposition sein möge, sie gehört jedenfalls nicht zur raumzeitlichen Welt, ebensowenig zum psychischen Leben in dem Sinne, in welchem Seelenzustände real heißen dürfen. Insofern besteht kein Anlaß zur Annahme, die *Form* unserer Sätze determiniere die oder entspreche der *Form* der Realität, über die sie sich ausspricht (jene ist nicht raumzeitlich, diese ist es) (vgl. Ulrich Pothast, *In assertorischen Sätzen wahrnehmen und in praktischen Sätzen überlegen, wie zu reagieren ist.* Besprechung von Ernst Tugendhat: *SuS*, in: *Philosophische Rundschau*, 28. Jg., Heft 1/2, S. 26-43, hier: S. 36f.). Sodann neigen wir spontan zum folgenden Zwischenruf: Die Kritik am Subjekt-Objekt-Modell ist zweifellos gegenüber Husserl triftig, verfehlt aber völlig ihr Ziel, sobald sie den Vertretern der sogenannten Heidelberger Schule vorgehalten wird. – Den ersten Einwand diskutiert Tugendhat nirgends; auf den zweiten würde er erwidern, daß die Heidelberger Schule die Struktur des Selbstbewußtseins nur negativ beschrieben habe: als ein paradoxes Phänomen, welches dem einzig verfügbaren, nämlich dem Subjekt-Objekt-Modell, absolut widerstehe.

Dabei bestreitet Tugendhat durchaus nicht das Prinzip dieses Modells. Er beschränkt sich vielmehr darauf, es in zweierlei Hinsicht zu korrigieren. Erstens deutet er das Subjekt (des Bewußtseins) nicht als Subjekt eines kantischen Bewußtseins-überhaupt, sondern als »materielle Person«, identifizierbar aufgrund des Kriteriums ihrer raumzeitlichen Kontinuität (*SuS*, S. 77). Zweitens macht er geltend, daß das Objekt des Selbstbewußtseins nicht das (vergegenständlichte) Subjekt selbst ist, sondern der Seelenzustand, in dem es sich befindet. Nun ist ein psychischer Zustand, in dem eine Person sich befindet, ein Sachverhalt, und die ihm entsprechende sprachliche Realität die Proposition. Der Gegenstand von Selbstbewußtsein ist also nicht das Selbst, sondern eine Proposition: »daß ich φ«, wobei φ für eine Proposition steht, deren Gehalt eine bewußte psychische Tatsache (oder ein bewußtes psychisches Ereignis oder ein ebensolcher Akt) ist: daß ich verliebt bin, daß ich traurig bin, daß ich über das Problem Selbstbewußtsein nachdenke, daß ich lieber anderswo lebte usw. Die Sätze, in denen Selbstbewußtsein sich ausspricht, sind also Nebensätze; sie sind der allgemeinen Struktur eines vollständigen

Aussagesatzes untergeordnet. Nun vollzieht sich das Verstehen jedes Behauptungsgrundsatzes in Übereinstimmung mit zwei Regeln: Die erste, die Identifikationsregel, fixiert das grammatische Subjekt des Satzes (mithin die Identität dessen, auf den der singuläre Terminus zielt, in unserem Falle ›ich‹). Die zweite – die Verifikationsregel – gibt uns Kriterien an die Hand, kraft deren wir das Prädikat (hier ›φ‹: daß ich Schmerzen habe, daß ich mich sehnsüchtigen Gedanken hingebe, daß ich gerne eine Klettertour unternähme, daß das Problem des Selbstbewußtseins mich plagt usw.) verstehen und selber anwenden können. Ohne das Zusammenwirken beider Regeln wäre kein Satz verständlich, also auch nicht ein solcher, in welchem Selbstbewußtsein sich ausdrückt (welches Tugendhat, wie man sieht, mit einer *Reflexion* auf meine Seelenzustände gleichsetzt).

Ich bemerke im Vorbeigehen, daß drei Voraussetzungen sich unbefragt in Tugendhats Prämissen einschleichen. Die erste haben wir schon erwähnt: sie unterstellt eine vollkommene Isomorphie zwischen Rede-Struktur und der Struktur dessen, wovon geredet wird. (Dabei sind Propositionen anders als Tatsachen frei von raum-zeitlichen Elementen; aber wer schließt aus, daß sich nicht noch weitere wichtige Unterschiede zwischen der epistemischen Struktur von Selbstbewußtsein und ›ich φ‹-Sätzen aufzeigen lassen?) Die zweite anfechtbare Voraussetzung besteht darin zu behaupten, alles (intentionale) Bewußtsein sei propositional. Diese Behauptung ist nicht nur hochgradig kontra-intuitiv (wenn ich V. liebe, liebe ich dann implicite ›die Tatsache, daß ich φ‹. Kann ich mich in eine Proposition verlieben? Muß ich, wenn ich V. liebe, die ganze Kette dessen durchgehen, was von ihr der Fall sein kann, um meiner Liebe sicher zu sein?)[1]; sie hängt ihrerseits auch von der eben genannten unbewiesenen Voraussetzung ab, daß, wenn wir uns auf einen Gegenstand mittels einer Proposition beziehen, dieser Gegenstand wie eine Proposition beschaffen sein muß. (Vgl. zu diesem Problem Kevin Mulligan und Barry Smith, *Traditional vs. Analytical Philosophy.* Review/Discussion of Ernst Tugendhat: *Traditional and Analytic Philosophy. Lectures on the Philosophy of Language,* in: *Grazer Philosophische Studien,*

1 Tugendhat hat diese Ansicht zurückgenommen in *Probleme der Ethik*, Stuttgart 1984, S. 159/60. Im Verhältnis der Liebe zu V. bin ich auf den ›anderen *als solchen*, und nicht in einer bestimmten Hinsicht‹ bezogen. Mein Interesse gilt seiner ›Existenz‹, die keine echte ›Eigenschaft‹ ist.

Bd. 21, 1984, S. 193-202.) Die dritte Voraussetzung, die stillschweigend in Tugendhats Prämissen eingeht, ist der zweiten eng verbunden. Sie besteht in der Leugnung der Annahme, unter ›Selbstbewußtsein‹ sei zu verstehen das Bewußtsein, das von diesem Bewußtsein (oder seinem Subjekt) selbst besteht, und in der Unterstellung, dieses Bewußtsein(s-Subjekt) könne nur in Verbindung mit seiner Charakterisierung durch ein φ-Prädikat identifiziert werden. Kann man denn wirklich kategorisch und a priori ausschließen, daß es sinnvolle Fragen geben könne, die entweder bloß das Bewußtsein überhaupt oder die Identität der Person betreffen, ohne daß auf die psychischen Zustände zurückgegangen werden muß? Gibt es wirklich kein Problem des Mit-sich-vertraut-Seins unabhängig von der Frage der intersubjektiven Mitteilbarkeit des Aktes, durch welchen ich von dieser Vertrautheit Kenntnis habe? (Vgl. Gianfranco Soldati, *La conscience de soi à la lumière de la philosophie analytique chez Ernst Tugendhat*, Mémoire de licence, Genève 1984, S. 223-238.)

Ich lasse diese drei Fragen zunächst ohne Antwort, um in einem ersten Durchgang die Stärken der Tugendhatschen Kritik an dem, was er die Position der Heidelberger Schule (und mit ihr der ganzen traditionellen Selbstbewußtseintheorie) nennt, zu erproben. Gewiß ist bedauerlich, daß Tugendhat den Vertretern dieser Schule, vor allem Henrich, häufig Standpunkte unterstellt, die diese bei Gelegenheit etwa von Kant oder Fichte kritisch diskutiert, oft verworfen, jedenfalls aber nicht unterschrieben haben. Wie dem auch sei: Nach Tugendhats Ansicht stößt Henrichs Theorie vor allem auf zwei grundsätzliche Schwierigkeiten (*SuS*, S. 54). Die erste entspringe aus dem ›Ineinanderschieben‹ (l. c., S. 58) der Wissens- und der Identitätsrelation. Diese Engführung sei sinnwidrig und unverständlich, da sie darauf hinauslaufe zu unterstellen, daß in der (übrigens tautologischen) Formel ›Ich = Ich‹ das Gleichheitszeichen den Sinn von ›wissen (daß diese Identität besteht)‹ habe. Von Gleichheit kann nur in einer Proposition gewußt werden; »das Wissen kann nicht in diese selbst gewissermaßen hineinkriechen« (l. c.).

Tatsächlich vertritt Henrich ja die Auffassung, daß im Mit-sich-Vertrautsein gar keine Identifikation stattfinde und daß die Vertrautheit auch nicht den Charakter eines Wissens habe. Es ist darum sinnvoll, die von Tugendhat attackierte Position von der von Henrich vertretenen abzukoppeln und den von Tugendhat apostrophierten Henrich als einen fiktiven Autor gleichen Namens zu behandeln. Dagegen ist sicher, daß Tugendhat Selbstbewußtsein sehr wohl für den Fall eines Wissens und ebenso für den Gegenstand einer Identifikation hält. Nur möchte er die beiden Akte (Wissen und Identifizieren) auseinanderhalten.

Dies ist nach Tugendhats Auffassung nötig, um dem folgenden Zirkel zu entkommen: Das Ich – so wird zunächst unterstellt – besteht in der Identität des Wissenden und des Gewußten. Will ich diesen Sachverhalt durch eine Rückwendung auf mich ans Licht bringen, so müßte ich, um wirklich mich selbst zu finden, mit mir schon vertraut sein. Andererseits konstituiert sich das Ich, dem Erklärungs-Modell zufolge, erst durch diesen Rückwendungsakt (*SuS*, S. 62). In seiner Kritik bietet uns Tugendhat keine Lösung des Zirkels an, er sucht vielmehr zu zeigen, daß dieser Zirkel bei einem begrifflich strengeren Verfahren gar nicht erst auftritt. Die Voraussetzung einer Identität von Wissendem und Gewußtem legt eine agrammatische Formulierung des im Selbstbewußtsein implizierten Wissensbestandes nahe: »Ich weiß Ich (oder mich)« ist ein grammatisch unannehmbarer Satz. Er ergibt sich aus einem Wissens-Begriff, den Tugendhat kategorisch verwirft, und zwar mit dem Hinweis auf die propositionale Struktur allen Wissens. Von ihr, nicht von der (auf die Inhaltsseite des Wissens zu schlagenden) Identitäts-Relation muß ausgegangen werden, soll das Phänomen richtig angefaßt werden. Selbstbewußtsein hat also nicht die Struktur »Ich weiß Ich (oder mich)«, sondern »Ich weiß, daß ich φ«.

Man könnte erwarten, daß das Identitätsproblem, kaum aus seinem epistemischen Kontext gelöst und einem semantischen Rahmen eingefügt, wiederersteht, sowie man die Frage nach dem Kriterium aufwirft, das mir erlaubt, das ›ich‹ im Hauptsatz mit dem ›ich‹ im Nebensatz zu identifizieren. Der ganze Satz ›*Ich* weiß, daß *ich* φ‹ kennt ja zwei Vorkommen des Index-Wortes ›ich‹, deren Identität eben eine der Hauptsorgen der Reflexions-Theorie des Selbstbewußtseins darstellte. Dieses Problem verliert in Tugendhats Augen seine Virulenz, sobald man es auf der Ebene einer Satz-Theorie diskutiert. Er ist überzeugt, daß es auf dieser Ebene niemandem mehr einfallen könne, die in Frage stehende Identität für eine Form des Wissens zu halten. Daß die traditionelle Theorie das überhaupt hat tun können, beruhe auf einem fundamentalen Mißverständnis des allgemeinen Mechanismus der Identifikation. Derselbe könne zwei Formen annehmen, diejenige des »a = a« (die reine Tautologie, durch welche man nichts Neues über das schon bekannte a erfährt) und die des »a = b«. Nur im zweiten Falle erwirbt die Identitätsformel einen Erkenntniswert: sie vermehrt mein Wissen. Wenden wir das auf den in Frage stehenden Fall, nämlich die Identität der beiden ›ich‹ im Satz »*Ich* weiß, daß *ich* φ«, an, so haben wir es mit der einfachen Tautologie zu tun. Bekanntlich kann ein Prädikat, das einen psychischen Zustand bezeichnet, nie einem anderen als dem, der ihn hat, zugesprochen werden. Zahnschmerzen *haben* impliziert notwendig für den, der sie hat, daß *er* es ist, der sie hat. Im Falle des *unmittelbaren* Selbstbewußtseins kann das zweite ›ich‹ niemals durch einen anderen Term ersetzt werden. Die Identität ist hier von der Art des ›a = a‹ oder des ›ich = ich‹. – Diese Evidenz gilt aber keineswegs in einem Kontext, wo das Prädikat, das man dem Satzsubjekt zuspricht, nicht für einen psychischen Zustand steht, z. B. in Sätzen wie: »Ich weiß, daß ich in Wuppertal geboren bin, daß ich 1,84 m messe, daß ich diese und jene Eigenschaften habe« usw. In diesem Beispiel handelt sich's um eine echte Identifikation des Typs ›a = b‹, denn hier wird das zweite ›ich‹ zunächst durch ein nicht unmittelbar zugängliches Prädikat charakterisiert. Dieser Umstand erlaubt, sofern die Beschreibung nur hinreichend detailliert ist, das zweite ›ich‹ durch einen anderen Term zu ersetzen, z. B. den Eigennamen der betreffenden Person. In diesem Augenblick hat man in der Tat mit einer Identität zwischen semantisch verschiedenen Termen zu tun, wodurch die Rede von einem Erkennen oder Wissen sinnvoll wird. Das war aber eben nicht der Fall bei der Selbstzuschreibung eines Prädikats aus dem Bedeutungsfeld der psychischen Zustände, wo die Ungleichheit zwischen dem ersten und dem zweiten ›ich‹ eine logische Unmöglichkeit darstellte, da gar keine Identifikation zu leisten war. So kommt Tugendhat zu dem Schluß, daß der Grundfehler der Reflexions-Theorie des Selbstbewußtseins darin bestehe, die tautologische Identität (Ich = Ich) für eine semantisch gehaltvolle oder empirisch-kognitiv relevante Identität gehalten zu haben (Ich = a) (*SuS*, S. 60f.).

Die zweite Schwierigkeit, welche nach Henrich alle egologischen Theorien des Selbstbewußtseins antreffen, besteht in Tugendhats Paraphrase der Problemstellung in der Fragwürdigkeit des Kriteriums, das mir erlaubt, von einem Gegenstand meiner

Vorstellung zu sagen, er sei ich und nicht ein anderes/anderer (*SuS*, S. 70). Man könnte glauben, hier sei erneut die Rede von der einfachen Identität zwischen zwei gleichen Termen, also von der Tautologie. Aber das Problem stellt sich anders: wie kann ich *wissen*, daß ›ich = ich‹, ohne die Identität von ›ich‹-Subjekt und ›ich‹-Objekt immer schon vorausgesetzt zu haben?

Nun gibt es nach Tugendhats Überzeugung gar kein kognitiv relevantes Identitätsproblem im Vollzug des Selbstbewußtseins (daß Henrich diese Ansicht teilt, hindert Tugendhat, wie wir sahen, nicht, ihn als Kontrahenten zu stilisieren). Das Problem, so wie Henrich es formuliert, kann nur entstehen, wenn man sich ans Subjekt-Objekt-Modell hält. Nach Tugendhat ist das Selbstbewußtsein nicht der Bezug eines Subjekts auf ein Objekt, sondern derjenige einer Person auf eine Proposition, also auf eine sprachliche Realität. Die Frage, ob das erste ›ich‹ im Satz denselben Gegenstand bezeichnet wie das zweite, reduziert sich so auf die Frage nach der Identität eines Gegenstandes, der bezeichnet wird durch zwei verschiedene singuläre Termini (oder einen und denselben zweimal wiederholten, dessen semantische Identität jedoch ungewiß ist). Das Problem wird gelöst durch eine Reflexion auf die Verwendungsweise des deiktischen Ausdrucks ›ich‹ (*SuS*, S. 70). Fragen wir also: Welches ist die besondere Weise der Identifikation einer Person mittels des Wortes ›ich‹? Und worin besteht die Eigentümlichkeit dieses Wortes gegenüber dem Gesamtsystem aller deiktischen Ausdrücke, zu dem auch die Demonstrativa (dies, jenes usw.), ferner die übrigen Personalpronomina (du, er, sie usw.), schließlich die Zeit- und Ort-Indikatoren (hier, dort, jetzt, früher, heute, morgen usw.) gehören? In seiner äußerst gewissenhaften Charakterisierung der deiktischen Ausdrücke hat Tugendhat zunächst darauf hingewiesen, daß es für ihre Grammatik wesentlich ist, daß der Gegenstand, der durch einen von ihnen bezeichnet wird, grundsätzlich auch von einem anderen desselben Typs aus einem anderen Standpunkt bezeichnet werden kann. Was ich ›dies‹ nenne, kann aus einem von dem meinen verschiedenen Standpunkt mit ›jenes‹ bezeichnet werden. ›Gestern‹ bezeichnet denselben Zeitabschnitt wie ›heute‹, wenn ich es morgen sage. Das entsprechende gilt für die Personalpronomina. Dieselbe Person, die zu sich selbst ›ich‹ sagt, kann von einem anderen mit ›du‹ angeredet werden. Um philosophisch relevant zu sein, muß die These freilich stärker auftreten: man muß zeigen, daß *unmöglich* das Wort ›ich‹ etwas von dem mit ›du‹ oder ›er‹ (die an seine Stelle treten können) Verschiedenes zu bezeichnen vermöchte. Da die Verwendung eines deiktischen Ausdrucks von der Sprechsituation abhängt, zieht eine Veränderung der letzteren unmittelbar einen Wechsel des ersteren nach sich. Wenn ich z. B. diese bestimmte Person mit ›du‹ anrede, so habe ich nicht nur davon Kenntnis, sondern ebenfalls und zwar unmittelbar auch davon, daß dieselbe Person sich selbst mit ›ich‹ anreden und von einem gleichfalls anwesenden Dritten mit ›er‹ bezeichnet werden kann. Es handelt sich hier nicht um ein empirisches, sondern um ein auf einem grammatischen Apriori beruhendes Faktum. Daraus ergibt sich, daß die Bedeutung eines deiktischen Ausdrucks wesenhaft intersubjektiv ist. Sie besteht geradezu in der Vertauschbarkeit eines Ausdrucks durch einen anderen derselben Klasse, geäußert in einer anderen, wenn auch genau entsprechenden Redesituation. Wer einen deiktischen Ausdruck gebrauchte und dabei versicherte, einem anderen sei es unmöglich, denselben Gegenstand, auf welchen der seine in systematischer Verbundenheit mit den anderen verweist, durch einen anderen deiktischen Ausdruck zu bezeichnen: von dem müßte man sagen, er habe die Bedeutung des von ihm verwandten Wortes überhaupt nicht verstanden. Von einem privilegierten Zugang zur Ichheit kann also keine Rede sein. Diese Konsequenz fixiert Tugendhat durch die Formel von der *semantisch-veritativen Symmetrie* zwischen demjenigen, der sich selbst durch ›ich‹ bezeichnet, und einem anderen, der ihn durch ›du‹ oder ›er/sie‹ bezeichnet, wobei beide die genau gleiche *empirische* Person meinen (*SuS*, S. 88 f.).

Wir befinden uns hier wieder auf dem Boden der Strawsonschen Semantik. Auch für seine Abfertigung des Selbstbewußtseins-Problems war ja charakteristisch die Identifikation des mit ›ich‹ bezeichneten Gegenstandes mit der *empirischen Person.* Eine empirische Person kann direkt beobachtet werden, während die denotative Funktion eines singulären Terminus (einschließlich des Pronomens der ersten Person singularis) sich erst in einer komplexen linguistischen Struktur, der des Satzes, entfaltet. Anders gesagt: ein singulärer Terminus erreicht seinen Gegenstand nur, sofern derselbe durch Prädikate genauerhin bestimmt wird. Was bedeutet, daß die Bezeichnung eines Gegenstandes vermittels eines deiktischen Ausdrucks die Möglichkeit voraussetzt, denselben durch die Beschreibung vermittels eines oder mehrerer seiner Attribute zu charakterisieren. Tugendhat scheint dagegen die Identifikation einer (durch ein Pronomen bezeichneten) Person auf die unmittelbare Wahrnehmung als letztes Kriterium gründen zu wollen: »Denn einen Gegenstand kann man nur wahrnehmend identifizieren, indem man ihn als Träger bestimmter Wahrnehmungsprädikate erkennt« (*SuS*, S. 85,$_1$). Das schließt erstens ein, daß die Identifikation des Gegenstandes nur auf empirischem Wege erfolgen kann (ein nur gedachtes Objekt wäre nicht identifiziert!), zweitens, daß, was wir wahrnehmen, nicht der Gegenstand als solcher ist, sondern eine oder mehrere seiner Eigenschaften, die wir ihm durch die Prädikation zusprechen (Gianfranco Soldati, l. c., S. 252).

Diese beiden Implikationen sind hochgradig kontra-intuitiv. Stelle ich mir wirklich die Frage, welche Wahrnehmungsqualität mich charakterisiert, wann immer ich den Term ›ich‹ verwende? Gewiß korrigiert Tugendhat (wie schon Strawson) seine Formulierung, indem er zugibt, daß, wenn ich mich durch ›dies‹ aufgrund einer empirischen Beobachtung auf ein innerweltliches Objekt beziehe, für ›ich‹ nicht das gleiche gilt. Aber wie könnte es, zufolge der Prämissen, eine Identität ohne direkte Wahrnehmung geben? In der Tat identifiziere ich mich durch ›ich‹ überhaupt nicht, so wenig wie ich mich wahrnehme. Die durch ›ich‹ bezeichnete Entität, sagt Tugendhat, wird »nicht beobachtet, nicht wahrgenommen, wird aber als beobachtbare, wahrnehmbare gemeint« (*SuS*, S. 84), nicht aus der Sprechsituation eines Subjekts, wohl aber aus der eines anderen. Der durch ›ich‹ bezeichnete Gegenstand ist notwendig identifizierbar, weil es zur Bedeutung (und zur Grammatik) dieses deiktischen Ausdrucks gehört, auf den anderen deiktischen Ausdruck ›du‹ zu verweisen, dessen Verwendung sich auf die Wahrnehmung gründet, welche den Gegenstand, auf den er Bezug nimmt, zu identifizieren gestattet. Also setzt die Verwendung von ›ich‹ – aus grammatischen Gründen – prinzipiell die Möglichkeit für einen anderen Sprecher voraus, eine Eigenschaft der Person zu beobachten, die auf sich selbst beobachtungslos mit ›ich‹ Bezug nimmt.

Aber gibt es keine Prädikate für psychische Zustände, von denen nur ich selbst Kenntnis haben kann? Wäre z. B. meine Traurigkeit keine sinnliche Eigenschaft (keine »Empfindungs«-Qualität) – und gelingt ihre Verifikation notwendig aus einem anderen Blickpunkt als dem der ersten Person? Tugendhat behauptet das geradezu, indem er sagt, daß, sowenig ›ich‹ identifiziert, so wenig der φ-Zustand (meine Trauer) durch den, der ihn hat, wahrgenommen wird. Das heißt, daß meine Trauer wahrnehmbar nur ist aus der Perspektive eines anderen, aus dessen Sicht meine Trauer ein Wahrnehmungsprädikat darstellt, das er wahrheitsgemäß der durch Wahrnehmung identifizierten Person zusprechen kann, welche im übrigen dieselbe ist, auf die ich – ohne sie zu identifizieren – Bezug nehme durch ›ich‹.

Wir charakterisieren die Gegenstände *empfindend*, sagt Tugendhat später (l. c., S. 113). Er sagt nicht: indem wir *sie* als solche empfinden/wahrnehmen, sondern: ›indem wir ihre Eigenschaften empfindend wahrnehmen‹. Wenn meine Traurigkeit mich charakterisiert, muß es an mir eine empirisch (z. B. in meinem Verhalten) beobachtbare Eigenschaft geben, von der ein anderer sich durch Wahrnehmung überzeugen kann; und diese Wahrnehmung dient ihm als einziges Kriterium für die Entscheidung, ob es wahr ist, daß ich traurig bin. Die Verwechslung zwischen der von einem anderen eingenommenen und meiner eigenen Perspektive – anders gesagt: zwischen der Unnötigkeit der Selbstidentifikation und der Verifizierung meiner eigenen φ-Zustände und der Notwendigkeit ihrer Identifizierbarkeit/Verifizierbarkeit von seiten des anderen – sei, schließt Tugendhat, der Ursprung der zweiten von Henrich aufgezeigten Schwierigkeit.

Die Eleganz dieser ganz auf der Semantik aufruhenden Problem-Auflösung ist unbestritten. Sind aber damit die erkenntnistheoretischen Probleme, die das Selbstbewußtseins-Phänomen aufwirft, wirklich beseitigt? Das wollen wir zum Schluß – unter Berufung auf unsere Zweifel an der Isomorphie von Sprach- und Bewußtseinsstruktur – etwas genauer untersuchen.

Wir sahen, daß Tugendhat sich auf ein semantisches Kriterium – die Konvertibilität der deiktischen Ausdrücke unter Fortbestand der Identität ihres Verweisungsbezugs – stützt, um die *virtuelle Intersubjektivität* des mit ›ich‹ bezeichneten Gegenstandes sowie der ihm wahrheitsgemäß zugesprochenen φ-Prädikate zu sichern. Diese mögliche Intersubjektivität, beeilt sich Tugendhat hinzuzufügen, ist indes »ihrerseits eine notwendige«, weil sie sich aus der Bedeutung des Wortes ›ich‹ ergibt. »Es ist notwendig, daß der, auf den ich mit ›ich‹ Bezug nehme, von anderen mit ›er‹ – und dann auch mit einem Namen – bezeichnet werden *kann*« (*SuS*, S. 88).

Das hat nun Folgen für die »ich φ«-Sätze. Denn wenn ein Prädikat auf eine Entität zutrifft, dann trifft es auf sie zu, ganz egal mit welchem singulären Terminus sie bezeichnet wird. Das ist das sogenannte Leibnizsche Gesetz, das in der Bedeutung von »=« gründet: wenn a=b, dann trifft jedes Prädikat, das auf a zutrifft, auch auf b zu. Daraus folgt nun für die »ich φ«-Sätze:

Der Satz »ich φ«, wenn er von mir geäußert wird, ist wahr genau dann, wenn der Satz »er φ«, wenn er von jemand anderem geäußert wird, der mit »er« mich meint, wahr ist (l. c.).

Eben diese Tatsache nennt Tugendhat das Prinzip der (notwendigen) *veritativen Symmetrie* (l. c., S. 89). Er spricht nicht nur von einer *semantischen* Symmetrie: davon, daß ›ich‹ und ›er‹ notwendig dieselbe Person bezeichnen können müssen; sondern stärker: von einer Symmetrie der Wahrheitswerte der in den beiden Sprechsituationen gemachten Äußerungen. Auf den Prädikator ›veritativ‹ ist also wohl zu achten. Wir wissen, daß nur ein ganzer (Aussage-)Satz wahr (oder falsch) sein könnte, niemals das durch einen singulären Terminus Anvisierte, ebensowenig das, was ich durch ein isoliertes Prädikat (einen Fregeschen »Begriff«) zu verstehen gebe. Die Wahrheit des Satzes »ich φ« kommt zur Geltung nur, wenn ich der Nennung (Identifikation) der Person, auf die ich Bezug nehme, eine prädikative Charakterisierung folgen lasse, deren Zutreffen auf den Gegenstand ich behaupte. Wir können also sagen, es sei ein- und dieselbe Tatsache (wobei ›Tatsache‹ das ist, wofür ein wahrer Aussagesatz einsteht), die ich durch »ich φ« und ein anderer durch »er φ« behauptet. Sage ich z. B. »Ich habe Zahnweh«, so kann ein anderer diese Aussage aufnehmen, indem er sagt »Er hat Zahnweh«. Er behauptet alsdann, sofern er von mir spricht, dieselbe Tatsache (also denselben wahren Sachverhalt) wie ich. Nun kann, was wahr ist (oder was als wahr gemeint ist), nicht nur für einen gelten. Also ist es entweder der Fall, daß ich Zahnschmerzen habe, und dann gilt dieser Satz nicht nur für mich; oder es ist nicht der Fall, und dann gilt es weder für mich noch überhaupt für irgendwen. Das Bewußtsein, das ich von meinen sogenannten inneren Zuständen habe, konstituiert mithin eine *Wahrheit* nur unter der Bedingung, daß ich den unsinnigen Anspruch des alleinigen Zugangs zu dieser Tatsache fallenlasse: wenn »ich φ« wahr ist, muß jeder gleichen Zugang zu dem darin behaupteten Faktum haben.

Die Eleganz dieser logisch-semantischen Reflexion verhindert indes nicht, daß unser Problem, kaum gelöst, in einer erkenntnistheoretischen (also nicht-logisch-semantischen) Perspektive wieder aufersteht. Tugendhat spricht es unter dem Titel der *epistemischen Asymmetrie* an:

Weil der eine Satz [wodurch ich meine φ-Zustände ausdrücke] genau dann wahr ist, wenn der andere [aus der er-Perspektive formulierte] wahr ist, werde ich vom Prinzip der (notwendigen) *veritativen Symmetrie* sprechen. Obwohl nun beide Sprecher denselben Sachverhalt meinen, so hat doch derjenige, der sich selbst ein solches Prädikat zuspricht, ein unmittelbares Wissen davon, während derselbe Sachverhalt aus der »er«-Perspektive durch Beobachtung des anderen – teils seines Verhaltens, teils seiner Aussagen – festgestellt wird. Es besteht also eine *epistemische Asymmetrie*. φ-Zustände werden – und zwar offenbar wesensmäßig, nicht aus kontingenten Gründen – anders vom Betroffenen und von anderen gewußt (*SuS*, S. $89_{,2}$).

Tugendhat selbst versäumt nicht, uns auf den scheinbar »rätselhaften« Charakter dieses Grabens aufmerksam zu machen, der sich zwischen der semantisch-veritativen Symmetrie und der epistemischen Asymmetrie auftut. Er mutet uns deswegen rätselhaft an, »weil im allgemeinen ein enger Zusammenhang besteht zwischen 1) der Bedeutung eines Prädikats, 2) der Wahrheitsbedingung des entsprechenden Satzes und 3) der Art, wie wir feststellen, daß der Satz wahr ist« (l. c., S. $89_{,3}$). Wir stellen z. B. die Triftigkeit der Assertion »Das Heidelberger Schloß ist rot« durch eine Überprüfung vor Ort fest, und diese Überprüfung hat gar nichts Privates. Dagegen wird das Zutreffen von φ-Prädikaten »auf zwei grundsätzlich verschiedene Weisen« (Tugendhat spricht sogar von einer »doppelten Semantik« [l. c., S. $98_{,2}$]) verifiziert, je nachdem, ob sie in »ich«- oder »er«-Sätzen auftreten. Tugendhat beeilt sich, unsere Verunsicherung mit dem Hinweis zu beschwichtigen, daß es aus semantisch-veritativen Gründen a priori ausgeschlossen sei, daß dieser Perspektivenwechsel Folgen für eine Bedeutungsdifferenz der verwandten Ausdrücke haben könnte.

Daß sie eine verschiedene Bedeutung haben, ist aber ausgeschlossen durch die veritative Symmetrie dieser Sätze. Es legt sich daher folgende Vermutung nahe: so wie in der Verwendung des Wortes »ich« immer schon impliziert ist, daß dieselbe Person, auf die ich mit diesem Wort Bezug nehme, von anderen mit »er« bezeichnet werden kann und ebenso umgekehrt »er« auf »ich« verweist, genauso müßte in der Verwendung eines φ-Prädikats aus der »ich«-Perspektive die Verwendung dieses Prädikats aus der »er«-Perspektive impliziert sein und umgekehrt, und so wäre die einheitliche Bedeutung des φ-Prädikats gewahrt (l. c., S. 89/90).

Der erste Philosoph, fügt Tugendhat hinzu, der diese Position bezogen habe, sei Wittgenstein gewesen.

Ist das ausgemacht? Bevor ich auf diese Frage eine Antwort versuche, möchte ich eine allgemeine Reflexion anstellen. Sie richtet sich auf Tugendhats Unternehmen insgesamt, den bewußtseinstheoretischen Zugang zum Phänomen des Selbstbewußtseins formal-semantisch zu dekonstruieren.

In der Tat ist es ja vor allem das Interesse an der möglichen Intersubjektivität unserer Erkenntnisse, welches Tugendhat so großen Wert legen läßt auf die semantisch-veritative Symmetrie der Aussagen mit φ-Prädikaten aus der »er«- und aus der »ich«-Perspektive. Dies Interesse ist nun gerade nicht erkenntnistheoretisch motiviert. Es ist klar, daß, *wenn* ich auf die semantische Identität zwischen φ-Prädikaten hinauswill, ich den verschiedenen epistemischen Standpunkten, aus denen diese Prädikate zugesprochen werden, kein sehr hohes Gewicht zumessen kann. Aber das ist eine konditionelle (eine wenn-dann-)Formulierung. Sie artikuliert ein pragmatisches Bedürfnis, das im Blick auf ein bestimmtes theoretisches Ziel erfüllt sein muß. Insofern kommt ihr der Status eines *Postulats* zu. Ein Postulat sagt nicht, was der Fall ist, sondern was der Fall sein muß, damit eine bestimmte theoretische Annahme begründet erscheinen kann. Ein Postulat mit einer Tatsache verwechseln hieße in den Dogmatismus verfallen.

In der Tat ist ja die semantisch-veritative Identität als grammatisches Apriori möglicher Intersubjektivität noch nicht epistemisch ausgewiesen als von beiden Seiten der Kommunikationsbeziehung zugänglich. Wie wäre es auch denkbar, aus der »er«-Perspektive meinen psychischen Zustand, wie Tugendhat sagt, zu »implizieren«, wenn *mein* Zustand, aufgrund der epistemischen Asymmetrie, ganz einfach aus der »er«-Perspektive nicht »gewußt« werden kann? Gewiß *muß* er wißbar sein, sofern das Leibnizsche Gesetz, das über die numerische Identität der Referenten der aus zwei Sprecherperspektiven geäußerten Propositionen wacht, nicht verletzt werden soll. Aber ist dies rein semantische Erfordernis aus einer erkenntnistheoretischen Perspektive erfüllbar? Es ist eines zu sagen, daß die Wahrheit des Satzes »ich φ« nur bestehen kann zusammen mit der (aus der »er«-Perspektive geäußerten) »er φ«; ein anderes zu zeigen, *wie* denn die beiden Subjekte unerachtet der Asymmetrie ihrer Bewußtseinsstellungen sich von dieser Wahrheit *überzeugen* können. Was wäre eine Wahrheit, von der ungewiß, ja unfeststellbar ist, wie verschiedene epistemische Subjekte sie auffassen (interpretieren)? Auch das Faktum der ›erfolgreichen‹ Verständigung über den Gehalt einer Proposition (wo verläuft übrigens die Marge zwischen erfolgreichen und erfolglosen Kommunikationen?) garantiert nicht im mindesten die Gleichsinnigkeit der von mir und des von dir Geäußerten. Erfolgreiche Verständigung wird gemessen an einem rein pragmatischen Kriterium: der Tatsache, daß die kommunizierenden Subjekte das Gespräch dem Abbruch des Gesprächs vorziehen. Die Bedeutungsidentität der ausgetauschten Botschaften bleibt reine Voraussetzung, da sie nicht von beiden Seiten adäquat kontrolliert werden kann. Diesen Mangel an kontrollierbarer Intersubjektivität – also an Wahrheit – soll nun die funktionierende Kommunikation zwischen zwei Personen wettmachen, und das gelingt im allgemeinen lebenspraktisch auch. Wer freilich annimmt, die aus lebenspraktischen Gründen nahegelegte Unterstellung einer semantischen Identität habe darum auch schon veritativen Charakter, behauptet mehr, als er zeigen kann. Schließlich ist das Feld der zwischenmenschlichen Verständigung ein Prozeß unentwegter Sinntransformationen und Neu-Schematisierungen von Welt. Die lassen sich unter der Voraussetzung einer veritativ adäquaten Intersubjektivität aber nicht erklären. Vielmehr gibt es nur *wegen* der epistemischen Asymmetrie Bedeutungsverschiebungen (und Erkenntnis-Fortschritte) im Verlauf der Geschichte der Kommunikation, denn kein Sich-Unterhalten-über... erreicht die Wahrheit-an-sich in adäquater Repräsentation, also die restlose transkommunikative Aufklärung über das, was von diesem oder jenem Sachverhalt (er sei psychisch oder nicht) ›der Fall ist‹.

Ernster ist jedoch der grundsätzliche Einwand, daß, solange man daran festhält, daß Wahrheit eine Funktion des Bewußtseins-von-ihr ist (und von der Rechenschaftsgabe, deren ich hinsichtlich der Ausweisung ihrer Behauptung fähig bin), ebenso lange für unausgemacht gelten muß, ob die semantisch-veritative Symmetrie mehr ist als eine regulative Idee, ob sie vielmehr für ein konstitutives Prinzip veritativer Intersubjektivität gelten darf.

Mir scheint, daß Tugendhat die Aufgabe, die epistemische Zugänglichkeit der semantischen Symmetrie zu beweisen, einfach überspringt mit der unversehens vom Konditional in den Indikativ gleitenden These, daß, wäre es anders, Wahrheit von Selbstbewußtseins-Sätzen gar nicht mehr prädiziert werden könnte (was ein äußerst starres, vor-schleiermacherisches und vor-hermeneutisches Kommunikationsmodell voraussetzt). Es ist einfach unsinnig zu glauben, Verständigung über Welt oder Selbst setze die Gleichförmigkeit von grammatischen Regeln und die Gleichsinnigkeit unserer sprachlich schematisierten Vorstellungen voraus (in diesem Falle könnte man intersubjektive Kommunikation zugunsten eines Monologs der Grammatik mit sich selbst suspendieren: neue Weltansichten, als dem Postulat der semantischen Symmetrie zuwiderhandelnd, müßten a priori ausgeschaltet werden, mit ihr eine Pluralität von Sprecher-Individuen, deren jedes seine spezifische Sicht hat: ich komme darauf zurück). Als hätten wir zu Wahrheiten außerhalb des Bewußtseins Zugang, in dem sie sich als solche enthüllen, zumal wenn man, wie Tugendhat, ein *unmittelbares* Wissen hinsichtlich ihrer unterstellt! (Wie könnte, was Resultat intersubjektiver Zustimmung ist, in apodiktischer Adäquation – und einen anderen Sinn kann ›unmittelbar‹ doch in der Selbstbewußtseins-Diskussion nicht haben – einem Bewußtseinssubjekt zugänglich sein?)

Aber es gibt weitere Gründe, Tugendhats Versuch, den bewußtseinstheoretischen Ansatz zu unterlaufen, mit Skepsis zu begegnen.

So scheint mir – um damit zu beginnen –, daß Tugendhat keineswegs dem von ihm angeprangerten Subjekt-Objekt-Modell des Selbstbewußtseins entgeht. Obwohl er, angeblich mit Husserl, beim ersten Versuch einer Definition von Bewußtsein (*SuS*, S. 13) die *Unmittelbarkeit* des Wissens betont, in dem Selbstbewußtsein bestehen soll (wie könnte ein Bewußtsein zugleich *unmittelbar* sein und den epistemischen Status eines *Wissens* haben, welches allemal begrifflich und durch rationale und reflektierte Operationen vermittelt ist?), beschreibt er es doch als den Bezug eines Wissens auf einen φ-Zustand (verstanden als Bewußtseinseinheit). Es handelt sich hier um den Bezug eines Wissens auf ein von ihm (semantisch) verschiedenes Objekt; mit dem einzigen Unterschied gegenüber dem traditionellen Reflexions-Modell, daß dieses Objekt eine Proposition ist (Tugendhat spricht von der »Relation auf eine Proposition« [l. c., S. 21_{2}]). So wird in der klassischen

Intentionalitätsformel ›Bewußtsein von etwas‹ (eine Formel, die die Erkenntnis, das setzende Bewußtsein von einem von ihm verschiedenen Gegenstand, bezeichnet) das ›etwas‹ nicht mehr im Sinne eines einstelligen Objekts, sondern im Sinne eines Sachverhalts interpretiert. Davon abgesehen, bezeichnet die Formel den klassischen Fall einer Selbst-Reflexion, freilich mit der absurden Implikation, daß der reflektierte Gegenstand dem reflektierenden Subjekt nicht in allen Rücksichten gleich ist.

Ferner nimmt Tugendhat an, der propositionale Gegenstand des wissenden Selbstbezugs müsse nicht notwendig bewußt sein (l. c., S. $21,_{2}$). Das Erlebnis, auf das ich mich beziehe in Form eines Wissens (daß ich φ), muß nicht schon *vor* dieser wissenden Zuwendung bewußt gewesen sein (»daß es offenbar auch nicht notwendigerweise bewußt [...] ist«; »es gibt Erlebnisse, die nicht intentional sind, und es gibt intentionale Relationen, die nicht erlebt [also nicht bewußt] sind« [l. c., S. $21,_{2}$]).

Mit dieser Unterscheidung glaubt Tugendhat, den Reflexionszirkel des Selbstbewußtseins unterlaufen zu können (l. c., S. $25,_{2}$). Der infinite Regreß, meint er, entstehe nicht, »wenn wir uns jetzt daran erinnern, daß die intentionalen Relationen nicht bewußt zu sein brauchen«. Tugendhat nennt sie, »mit Freud zu sprechen, ›vorbewußt‹« (l. c.). Einwand: *Wenn* sie nicht bewußt zu sein *brauchen*, ist Selbstbewußtsein erstens nicht mehr notwendig *unmittelbar* (was Tugendhat aber annimmt), sondern nur mittelbar, durch *Beziehung* auf eine Proposition definiert; zweitens fehlt ein Kriterium für die Selbstzuschreibung von φ-Zuständen, da von ihnen ja gelten soll, daß sie zunächst unbewußt, erst dann bewußt sein können. Wir kennen bereits die Kritik, die für diese theoretische Konstellation greift: Um mich zu *erinnern*, daß *ich* es war, der soeben ganz in Gedanken verloren über der leeren Seite Papier brütete, ganz ins Niederschreiben vertieft, mußte ich damals schon ein Bewußtsein davon haben. Dieses Bewußtsein mußte ferner mit sich vertraut sein, sonst könnte ich nicht im nachhinein darauf zurückkommen als auf ein solches, das immer noch *meines* heißen darf. Es gibt einfach kein latentes oder virtuelles Bewußtsein. Bewußtsein ist Bewußtsein in allen seinen Phasen und Seinsmodi oder es ist *nicht*. Zu diesem Zweck muß es zwischen verschiedenen Instantiationen von Bewußtsein ein Identitäts-Band geben. Tugendhat scheint zu glauben, das einzige Identitätsproblem, das sich in diesem Zusammenhang stellt, sei das Problem der Identität zwischen dem, der weiß, und dem Subjekt in der φ-Proposition (›daß *ich* φ‹). Aber das eigentliche Problem, wie etwa Henrich es aufwirft, steckt durchaus nicht hier. In der Formel, an der Tugendhat sich orientiert (›*Ich* weiß, daß *ich* φ‹), findet noch eine weitere Wiederkehr von Ausdrücken statt, die sich nicht auf die der verwandten Deiktika reduziert: ich meine die Iteration der Verben, die für Wissens- bzw. Bewußtseins-Zustände stehen: Ich *weiß*, daß ich φ. Zwischen dem im Hauptsatz ausgesprochenen *Wissen* und dem *Bewußtseinserlebnis*, von dem im Nebensatz die Rede ist, vermittelt ebenfalls ein Vertrautheits-Kontinuum. Denn sowie ich Bewußtsein von mir habe, versichere ich mich nicht nur meiner persönlichen Identität (als eines raumzeitlichen Gegenstandes), ich bin gleichzeitig mit der Tatsache vertraut, daß das *Wissen* sich derselben einigen Bewußtseinsdimension einfügt, zu der auch das gewußte (reflektierte, wiedererinnerte usw.) *Erlebnis* gehört. Anders wäre kein Fall von *Selbst*reflexion eines φ-Erlebnisses gegeben.

Tatsächlich reduziert Tugendhat das Identitätsproblem des Selbstbewußtseins in der Tradition des sprachphilosophischen Behaviourismus auf das der Identifikation eines Raum-Zeit-Gegenstandes: des Gegenstandes, auf den das Index-Wort ›ich‹ Bezug nimmt (*SuS*, S. 76, 79). Diesen Gegenstand nennt er mit Strawson ›Person‹. Gewiß räumt er ein, daß Personen sich selbst aus der ›ich‹-Perspektive nicht identifizieren; sie meinen sich aber als (von anderen) identifizierbare (l. c., S. 84). So gäbe es keinen Vorsprung meines Mir-vertraut-Seins gegenüber der Kenntnis, die andere von mir erwerben (oder besitzen). Da diese Kenntnis indes ganz und gar auf Beobachtungsbasis (sinnlicher Wahrnehmung: nur sie erlaubt Identifikation in Raum und Zeit) beruht, fällt man hier wieder ins Wahrnehmungs-Modell zurück, welches Bewußtsein aufs Wahrnehmen eines Gegenstandes reduziert. Das Selbstbewußtsein, sagt Tugendhat, ist ein »empirisches Wissen« (er fügt hinzu: ein »nichtinduktives [...] Wissen, das nicht auf einer Wahrnehmung oder etwas Analogem gründet« [l. c., S. 135]). Was aber wäre ein empirisches und zugleich nicht perzeptives Wissen?

Il nous semble que Tugendhat a démontré avec des arguments assez convaincants que l'absence d'un processus de connaissance de type inductif et empirique n'oblige pas nécessairement à nier toute forme de savoir dans la conscience de soi, il lui resterait encore à montrer comment il conçoit plus précisément ce savoir qu'il qualifie d'immédiat. En disant qu'il s'agit d'un savoir empirique, il veut de toute évidence se démarquer de la conception idéaliste de la ›vision intellectuelle‹ pour laquelle il n'a jamais manqué de manifester son aversion. En ajoutant qu'il n'est pas inductif et qu'il ne repose pas sur une perception, il nous oblige cependant à faire un exercice de contorsion intellectuelle qui mériterait quelques instructions supplémentaires. Tugendhat semble ne pas nous les avoir données (Gianfranco Soldati, l. c., S. 269/70).

Subjekt- und Objektgebrauch von ›ich‹

Wir sahen: Das Gesetz der veritativen Symmetrie (welches seinerseits dasjenige der semantischen Identität impliziert) nimmt eine vollständige Übersetzbarkeit des aus der ›ich‹-Perspektive in das aus der ›er‹-Perspektive Geäußerten an. Diese Übersetzbarkeit verweist mein Selbstbewußtsein auf ein von jemand anderem beobachtbares Faktum – und nur in Raum und Zeit Wahrnehmbares kann ›beobachtet‹ werden. Würde irgendein Element im Innern des Bewußtseins dieser Überführbarkeit in ein Beobachtungs-Datum widerstehen, wäre das Prinzip der semantisch-veritativen Symmetrie beeinträchtigt. Das heißt natürlich nicht, daß Selbstbewußtsein sich mithin auf Selbstbeobachtung des eigenen Verhaltens reduziert; wohl aber, daß ich mich auf meine psychischen Zustände als auf Entitäten beziehe, von denen ausgeschlossen werden muß, daß sie der Beobachtung durch eine andere Person widerstehen.

Ist das zutreffend? Und hat Tugendhat recht, sich auf Wittgenstein als seinen Gewährsmann zu berufen (*SuS*, S. 90ff.)? Tatsächlich hat Wittgenstein im Verlauf seiner intellektuellen Biographie verschiedene, miteinander gar nicht immer kompatible Positionen vertreten. Im *Blue Book* z. B. hat er entschieden bestritten, daß man, worauf durch ›ich‹ Bezug genommen wird, ersetzen könne durch eine noch so erschöpfende Beschreibung mittels Erfahrungsprädikaten aus dem Bereich des (körperlich beobachtbaren) Verhaltens (*Werkausgabe*, Band 5, Ffm. 1984, S. 116):

Der Kern unseres Satzes, daß das, was Schmerzen hat oder sieht oder denkt, geistiger Natur ist, besteht lediglich darin, daß das Wort ›ich‹ in ›Ich habe Schmerzen‹ keinen bestimmten Körper bezeichnet, denn wir können ›ich‹ nicht durch eine bestimmte Beschreibung eines Körpers ersetzen.

Ebenfalls im *Blue Book* schlägt Wittgenstein uns eine Unterscheidung zweier Verwendungsweisen des Wortes ›ich‹ oder ›mein‹ vor: den »Objektgebrauch« und den »Subjektgebrauch« (»use as object«, »use as subject«) (l. c., S. 106). Beispiele von der ersten Art sind: »Mein Arm ist gebrochen«, »Ich bin zehn Zentimeter gewachsen«, »Ich habe eine Beule auf der Stirn«, »Der Wind zerweht meine Haare«. Beispiele für den zweiten, den Subjekt-Gebrauch von ›ich‹ oder ›mein‹, wären: »*Ich* sehe dies oder das«, »*Ich* höre dies oder jenes«, »*Ich* versuche, meinen Arm zu heben«, »*Ich* denke, es wird morgen regnen«, »*Ich* habe Zahnweh«. Das Charakteristikum der ersten Beispielreihe besteht im Bezug aller dem Ich zugeschriebenen Prädikate auf den Körper oder auf Eigenschaften, die mit dem Körper als einem innerweltlichen Gegenstand zusammenhängen. Jedes so und so Seiende kann nach gewissen Verfahren identifiziert werden, und jede echte Identifikation kann gelingen oder scheitern. Man kann sich in der Tat – wenigstens, sofern man Philosoph und an den Unsinn der Beispielsätze gewöhnt ist – die Situation (vielleicht nach einem Skiunfall) vorstellen, in der mein blutiger Arm, in einer chirurgischen Ambulanz anästhesiert, meinem Blick teilweise entzogen, neben einem anderen liegend, mir als derjenige einer anderen Person erscheint. Die Beule an meiner Stirn betreffend, so ist klar, daß ich von ihr, solange mir kein Spiegel zuhanden ist, nichts wissen muß. Dagegen könnte ich mich nicht über die Schmerzen täuschen, die mir meine Stirn oder mein verletzter Arm bereiten, und ebenso wenig könnte ich meinen Arm heben wollen, ohne es zu wissen. Das gilt selbst für den Fall, daß ich mich im Gegenstand meines Bewußtseins täusche, z. B. wenn ich meinen Arm zu heben glaube, ohne es zu tun: die unzweifelbare Gewißheit erstreckt sich hier eben nicht (notwendig) auf die ausgeführte Handlung, sondern auf das Bewußtsein, das hinsichtlich ihrer besteht (vgl. Sidney Shoemaker, *Self-reference and Self-awareness*, in: *The Journal of Philosophy*, volume LXV, n° 19, 3. Oktober 1968, S. 556/7).

Wesentlich für den Subjektgebrauch von ›ich‹ oder ›mein‹ ist also die Unmöglichkeit eines Identifikationsirrtums in bezug auf den Gegenstand, auf den die Pronomina der ersten Person singularis verweisen. Wenn jede Identifikationshandlung grundsätzlich der

Möglichkeit des Irrtums ausgesetzt ist und wenn ferner diese Irrtumsmöglichkeit im Falle des Selbstverweises kategorisch ausgeschlossen ist, besteht Anlaß zum Schluß, daß der Subjektgebrauch überhaupt keine Identifikationsleistung vollbringt. Das heißt natürlich nicht, daß ›ich‹ mithin auf nichts Bezug nähme (der Beweis des Gegenteils ist leicht erbracht: Wer sagt ›Ich habe Zahnweh‹, sagt nicht ›Niemand hat Zahnweh‹ [vgl. l. c., S. 555,$_1$]). Es ist vielmehr eben dieser Ausfall der Notwendigkeit von Identifikation, welcher den Selbstbezug vor jedem Referenzirrtum sicherstellt: »There is, as Descartes' ›*cogito* argument‹ brings out, no such possibility of failure of reference in the use of the word ›I‹« (l. c., S. 559,$_2$).

Auf den ersten Blick ist die von Wittgenstein bezogene und von Sidney Shoemaker eindrucksvoll explizierte These mit der von Tugendhat vorgetragenen wo nicht identisch, so doch versöhnbar. Nur zwingt diesen der Rekurs aufs Leibnizsche Gesetz dazu, auf der Bedingung zu beharren, wonach ein von mir empfundener φ-Zustand in eine Verhaltensbeobachtung durch einen anderen übersetzt werden können *muß*. Wittgenstein dagegen bestreitet diese Konvertibilität der beiden Perspektiven mit dem Hinweis, daß der Satz »I feel pains« nicht nur nicht aus der ›ich‹-Perspektive, sondern grundsätzlich nicht durch eine Körperbeschreibung ersetzt werden kann (*The Blue Book*, l. c., S. 116). Anders gesagt: Keine noch so vollständige Beschreibung einer Empfindung kann mich lehren, daß es *meine* ist. Der Grund ist einfach: Jede Beschreibung fußt auf Beobachtung, und jede Beobachtung beruht auf (sinnlicher) Wahrnehmung, mittels derer ich ein Objekt identifiziere. Nun identifiziere ich durch ›ich‹ gar nicht und beobachte also auch nicht. Wäre mein Mit-mir-Vertrautsein das Ergebnis einer Selbstidentifizierung, so könnte die mit ihr verbundene cartesianische Evidenz ihrerseits nur auf einer dieser Identifikation zuvor bestehenden Vertrautheit beruhen. Diese Vertrautheit könnte abermals auf einer vorgängigen Identifikation beruhen; aber die Annahme, jeder Vollzug von Selbstbewußtsein hänge seinerseits von einer Identifizierung ab, führt in den wohlbekannten Zirkel (Shoemaker, l. c., S. 561). Außerdem, beruhte Selbstbewußtsein auf einer Selbstidentifikation, müßte grundsätzlich eine Fehlidentifikation möglich sein, was im Subjektgebrauch von ›ich‹ kategorisch ausgeschlossen ist. In diesem Sinne gilt in der Tat, daß ›ich‹ kein Objekt meint, weder für mich noch für jemand anderen, sondern ein Seiendes, dessen Seinsart die Subjektivität ist. Subjektivität ist sich selbst im Subjektgebrauch von ›ich‹ nie als Gegenstand, z. B. als Körper oder Körperteil, wahrnehmungsmäßig gegeben (l. c., S. 562). Daran ändert auch nichts die Beobachtung, daß mehrere Sprachen, z. B. das Englische und das Deutsche, Verben aus der Bedeutungssphäre des sinnlichen Wahrnehmens zur Bezeichnung des Bewußtseins von psychischen Zuständen einsetzen, z. B. »I *feel* pains«, »Ich *empfinde* Schmerzen«. Diese Ausdrücke sind synonym mit ›haben‹ und suggerieren in jedem Falle nicht, daß sinnliche Empfindung vom Gefühl, von der Empfindung selbst bestünde (l. c., S. 564).

Wenn die Vertrautheit-mit-sich aufs Modell der sinnlichen Wahrnehmung nicht zu gründen ist, scheint zu folgen, daß der Subjektgebrauch des Pronomens der ersten Person fundamentaler ist als der Objektgebrauch, ja – und das ist die starke, immer noch aller Aufmerksamkeit werte These von Sidney Shoemaker –, daß der Subjektgebrauch grundlegend ist *für* den Objektgebrauch von ›ich‹ oder ›mein‹. Um diese These zu illustrieren, nimmt Shoemaker eine primitive Sprache an, die wohl Pronomina der ersten Person und M-Prädikate, aber keine P*-Prädikate kennt. Unter einem M-Prädikat verstand Strawson (und versteht Shoemaker) ein Prädikat, welches kein Bewußtsein auf seiten dessen, dem es zugelegt wird, einschließt: z. B. ›liegt auf der Chaiselongue‹, ›wiegt 74 kg‹, ›befindet sich im Wohnzimmer‹ usw. Im großen und ganzen umschreiben M-Prädikate also den »use as object« von ›ich‹ oder ›mein‹. Unter P*-Prädikaten versteht Shoemaker Prädikate derart, daß ihr korrekter Gebrauch das Wissen ihres Zutreffens auf mich logisch einschließt (»each of which can be known to be instantiated in such a way that knowing it to be instantiated in that way is knowing it to be instantiated in oneself« [l. c., S. 565]). P*-Prädikate sind also Prädikate, die im Subjektgebrauch von ›ich‹ oder ›mein‹ auftreten können. Nehmen wir an, besagte Sprache kenne keine solchen Prädikate. Ein Sprecher derselben müßte also lernen, sich Prädikate wie ›is facing the table‹ (was sowohl heißen kann: ›befindet sich gegenüber dem Tisch‹ wie ›betrachtet den Tisch‹) zuzuschreiben, und dieser Lernprozeß wird darin bestehen, Fälle, in welchen ›is facing the table‹ kein Selbstbewußtsein des Sachverhalts einschließt, von solchen Fällen zu unterscheiden, in denen die gleiche Wendung meint ›sees a table in the center of one's field of vision‹. (Er wird also zu lernen haben, wann einer Person zuschreibbare Prädikate M- und wann sie P*-Prädikate sind.) Wenn nun unser imaginärer native speaker diese Unterscheidung zu beherrschen lernt, sieht man keinerlei Grund mehr, ihm die Fähigkeit zur Selbstzuschreibung von P*-Prädikaten abzusprechen. Shoemaker folgert daraus:

I think we can say that anyone who can self-ascribe any predicate whatever thereby shows that he is potentially capable of self-ascribing some P*-predicates, and that if he is presently incapable of doing so this is due simply to a correctable lack in his vocabulary or his stock of concepts (l. c., S. 566).

Die Nähe zu Fichtes These, wonach alles Bewußtsein *von* etwas das Selbstbewußtsein voraussetzt, ist ebenso überraschend wie deutlich. Shoemaker umschreibt sie wie folgt: Wer immer referentielle Ausdrücke wie ›dies so-und-so‹ korrekt zu verwenden weiß, zeigt dadurch, daß er potentiell imstande ist, sich selbst P*-Prädikate der Form ›gewahrt so-und-so‹ zuzuschreiben (l. c., S. 566/7).

Das kann auch auf eine unmittelbarer einleuchtende Weise gezeigt werden. Nehmen wir an, ich schreibe mir ein M-Prädikat zu und sage: es meine mich, d. h. meinen Körper oder einen Teil desselben. Verlangt jemand eine Erklärung dessen, was ich mit ›mein Körper‹ meine, so könnte ich ihm folgendermaßen antworten: »Mein Körper ist der Körper, mit dessen Augen ich in die Welt sehe, aus dessen Mund ich spreche, auf welchen ein Druck ein Druckgefühl in mir erzeugt usw.« Nun sind alle Verwendungen von Pronomina der ersten Person, die in dieser Erklärung aufgeboten werden, um deutlich zu machen, was ich mit der Wendung ›mein Körper‹ meine, und die alle bestimmt sind, den ›*Objekt*gebrauch‹ des Pronomens der ersten Person (in der Selbstzuschreibung von M-Prädikaten) zu illustrieren – all diese Verwendungen sind selbst Verwendungen von ›ich‹ als *Subjekt*. Damit ist gezeigt, daß der Objektgebrauch dieser Personalpronomina im Subjektgebrauch derselben fundiert ist (oder, in Shoemakers Worten, daß jede Selbstzulegung eines M-Prädikats das Vermögen zur Selbstzuweisung eines P*-Prädikats voraussetzt). Oder in einer Fichteschen Formulierung: Die Fähigkeit, mir selbst ein raum-zeitliches Ereignis, welches an ihm selbst kein Selbstbewußtsein voraussetzt, als *meines* zuzuschreiben, setzt als

Bedingung seiner Möglichkeit die rein subjektive Vertrautheit des Bewußtseins mit ihm selber voraus.

> All these uses of ›I‹ that occur in this explanation of the meaning of the phrase ›my body‹, which in turn can be used to explicate the use »as object« of the first-person pronouns in the self-ascription of M-predicates, are themselves uses »as subject«. To put this in another way, M-predicates are mine in virtue of being connected in a certain way with P*-predicates that are mine (l. c., S. 567,$_{2}$).

So setzt die Bezugnahme auf einen beliebigen Gegenstand (als mir zugehörend) Selbstbewußtsein aufgrund des Subjektgebrauchs von ›ich‹, ›mein‹ oder ›mir‹ voraus. Das Bezugssystem jeder Person hat diese Person selbst zum letzten Ausgangspunkt der Weltorientierung (»each person's system of reference has that person himself as its anchoring point« [l. c., S. 567,$_{3}$]). Damit entgehen wir einem radikalen Reduktionismus, der die Rede von Bewußtsein an die Beobachtungen rückbindet, die sich in einer rein objektiven oder behaviouristischen Sprache beschreiben lassen.

Die Person ist also *nicht* bloß eine raum-zeitliche Entität, der man salva veritate, ohne Rücksicht auf die wechselnde Sprecherperspektive, psychische Prädikate zuschreiben könnte. Die ›er‹-Perspektive wird im Gegenteil erst unter der Bedingung einsichtig, daß die Personalität zweier in einem Gesprächszusammenhang aneinander verwiesener Individuen zuvor von beiden Partnern durch eine Vertrautheit-mit-sich beglaubigt wurde; und eine solche Vertrautheit bekundet sich authentisch allein im Subjektgebrauch von ›ich‹; sie kann durch keinen Blick von außen ersetzt werden.

Person und Monade

Sidney Shoemaker hat selbst davor gewarnt, die These von der Priorität des Subjektgebrauchs vor dem Objektgebrauch metaphysisch auszubeuten, etwa zugunsten eines Spiritualismus der Subjektivität. Wenn man sagen muß, daß körperliche Zustände nur abgeleiteterweise (»derivately«) ›meine‹ heißen können, in dem Sinne, daß es Körperzustände gibt, die die Eigenschaft der Meinigkeit erst durch die Rückbindung an psychische Zustände erwerben, so folgt daraus nicht, daß nur eine idealistische Perspektive auf die Substanz der Ichheit haltbar wäre. Shoemaker macht geltend, daß die Rede von der Abkünftigkeit der Meinigkeit des Körpers »nur unter einer bestimmten Beschreibung«, nämlich als Subjekt von M-Prädikaten, Sinn macht, während er als »nicht-abkünftig mein (nonderivately mine)« zu gelten hat unter einer anderen Beschreibung, z. B. der von der unmittelbaren Vertrautheit mit mir als Subjekt meiner Gedanken und Erfahrungen (l. c., S. 567, Anm. 9).

Indessen scheint mir aus der Unabhängigkeit und Ursprünglichkeit der nicht-identifizierenden Vertrautheit mit dem Selbst zu folgen, daß die Reduktion von Subjektivität auf eine raum-zeitliche Entität, die prinzipiell muß identifiziert werden *können*, überstürzt, wo nicht unhaltbar ist.[1]

Im Gegenzug möchte ich die Hypothese vorstellen und prüfen, daß Personen sich nicht auf dem Wege der Identifikation *individualisieren*, daß Identität überhaupt kein Definiens von Individualität ist. Das macht eine definitorische Unterscheidung der Begriffe ›Person‹ und ›Individuum‹ notwendig.

1 Shoemaker hat später seine These, wonach jede auf Wahrnehmung beruhende Selbst-Kenntnis (Identifikation) auf nicht-wahrnehmungsmäßiger Selbst-Kenntnis (ohne Identifikation) beruht, als mit der Position eines funktionalen Materialismus verträglich erklärt (Sidney Shoemaker & Richard Swinburne, *Personal Identity. A Materialist's Account*, Oxford 1984, S. 104-107). Das ist die These, wonach psychische Zustände funktionale Zustände sind, die sowohl semantisch wie empirisch realisiert werden können, sofern sie in beiden Interpretationssystemen dieselbe Rolle spielen (also funktional äquivalent sind). Sie spielen dieselbe Rolle, wenn der betreffende Zustand in beiden Interpretationen durch dieselben kausalen Relationen zu einem bestimmten Anlaß, zu einer bestimmten Reaktion und zu anderen Zuständen des Systems definiert ist (vgl. Peter Bieri, Hg., *Analytische Philosophie des Geistes*, Königstein/Ts. 1981, S. 47ff.). Mithin entspricht der funktionale Materialismus einer bestimmten Modifikation des Neutralen Monismus (etwa des von Ernst Mach). Aus dem gleichen Grunde muß er sich die Frage stellen lassen, wie er Funktionen, in deren Beschreibung prinzipiell kein Prädikat aus der Sphäre des nicht-perzeptiven Selbstbewußtseins eingeht, in der Folge mit mentalen Funktionen identifizieren kann. (Auf einer ontologischen Unterschiedenheit beider beharrt z. B. Thomas Nagel, *What is it like to be a bat?*, in: *The Philosophical Review* 83, 1974, S. 435-50, deutsch in Peter Bieri, Hg., S. 261-275.) Wenn, wie Kripke in *Identity and Necessity* (in: M. K. Munitz, ed., *Identity and Individuation*, New York 1971, S. 135-164) gezeigt hat, die einzige mit Sinn auf die Identitätsrelation anwendbare Modalkategorie die der Notwendigkeit ist, müßte die Beziehung der mentalen auf die physikalistische Beschreibung eine der notwendigen Gleichheit sein. Shoemaker hat aber selbst gezeigt, daß wir uns P*-Prädikate zuschreiben können, ohne zu implizieren, daß wir den relevanten Gehirnprozessen (die auf Beobachtungsbasis zugesprochen werden) unterliegen.

Eine solche Unterscheidung gibt es weder im Idealismus noch bei Strawson oder Tugendhat. Die (notwendig empirisch definierte) Person ist das einzigartige Wesen, das sie in Abhebung von allen anderen ihresgleichen ist, kraft ihrer Identität, und man kann von ihr ebensogut als von einem Individuum reden. Strawsons Definition von ›Person‹ (und seine These von der Ursprünglichkeit dieses Begriffs) lautet denn auch, sie meine einen »Typ von Entitäten derart, daß einem und demselben Individuum von demselben Typ *sowohl* Bewußtseinszustände *als auch* körperliche Eigenschaften, eine physikalische Situation etc. zugeschrieben werden können« (*Individuals*, S. 130). Hier tritt ›Individuum‹ einfach als Synonym an die Stelle von ›Person‹. Der Begriff ›Individuum‹ hat hier etwa den Sinn, der dem Wort in Polizeiakten anzuhaften pflegt, wo von einem gewissen oder einem verdächtigen oder von besagtem Individuum die Rede ist, dessen Identität vielleicht noch nicht ermittelt ist, keinesfalls aber ontologisch in Frage steht. – Daneben verwendet Strawson den Begriff freilich auch in Adjektivform in der Wendung ›individuelles Bewußtsein‹. Ein Bewußtsein wäre individuell, wenn man es ohne Rekurs auf die Empirizität der Personen als Bewußtsein-überhaupt oder als Subjekt von Erfahrungen im allgemeinen auffaßte.[1] Nun wäre ein Subjekt von Erfahrungen überhaupt nicht aus der ›er‹-Perspektive identifizierbar (und aus der eigenen bedarf es der Identifizierung nicht). Binde ich das Bewußtsein nicht an den Körper als eine in Raum (und Zeit) identifizierbare Entität zurück, verspiele ich nach Strawsons Überzeugung die Möglichkeit, Bewußtseins- und Körper-Prädikate einem und demselben Subjekt zuzuschreiben. Anders gesagt: Die Person ist ein Seiendes unter anderen, und alles, was ich einer Person an Eigenschaften zuschreiben kann (z. B. verliebt oder traurig, blond oder brünett zu sein usw.), muß prinzipiell – ohne Beeinträchtigung der Bedeutung der Prädikate – auch einer anderen Person zugelegt werden können, sofern die Umstände diese Zuschreibung erfordern oder rechtfertigen.

Diese Überlegung beruht auf einem rein semantischen Postulat, das Strawson in aller Deutlichkeit vorstellt: »Damit es überhaupt solch einen Begriff wie den der Depression einer Person V. geben

1 Diese Allgemeinheit wiederum verträgt sich schlecht mit dem Prädikator individuell!

kann, muß der Begriff sich auf beides erstrecken: auf das, was von V. gefühlt, aber nicht beobachtet wird, und auf das, was von anderen Personen als V. beobachtet, aber nicht gefühlt werden kann, und dies für alle Werte von V. Aber vielleicht ist es besser zu sagen: Die Depression von V. *ist* etwas, und zwar ein und dasselbe Etwas, das einerseits V. spürt, aber nicht beobachtet, und andererseits andere Personen als V. beobachten, aber nicht spüren« (l. c., S. 139/40). Die Identität betrifft hier nicht nur die Person V., sie umgreift auch die Semantik der ihr zugesprochenen Eigenschaften/Prädikate.

Ist es das, was wir unter ›Individualität‹ verstehen? Um einen alternativen – der romantischen Tradition, insbesondere dem Werk Schleiermachers entlehnten – Begriff von Individualität einzuführen, ist es sinnvoll, einige Züge aufzuzeigen, die vom Personbegriff nicht erfaßt werden und erfordern, das begriffliche Instrumentarium zu verfeinern.

Ich will zunächst ganz thetisch – und ohne Anspruch auf Beweiskräftigkeit – andeuten, woran ich denke. Vor allem scheint mir Individualität durch einen wesenhaften Bezug auf die Zeit ausgezeichnet zu sein. Die Zeit ist mit dem Strawsonschen und Tugendhatschen Identitätsbegriff kaum zureichend erfaßt. Natürlich determinieren deiktische Ausdrücke wie ›jetzt‹ und ›gestern‹ einen bestimmten Punkt in der Kette der zeitlichen Ereignisse. Die Zeitlichkeit der Person besteht aber darin, sich von einem bestimmten Identitätspunkt (in dessen Konstitution eine unabsehbare Menge von Determinanten zusammentreffen: sozioökonomische, kulturelle, biographische usw.) loszureißen und auf eine Zukunft hin zu entwerfen, in deren Licht jeder Jetzt-Zeitpunkt allererst die Bedeutung erwirbt, in der er sich hält. Die Zeit desintegriert und differenziert – gewiß im Rahmen einer lebensgeschichtlichen Kontinuität, in die ein Element von Identität eingeht, das gleichwohl mit einem hart Leibnizschen Identitätskriterium (wie Tugendhat es anwendet) unvereinbar ist. Es gibt keinen festen Kern, keine fixe Identität in einem Individuum.

Dem könnten Strawson oder Tugendhat Rechnung tragen durch folgende Entgegnung: Aus der Tatsache, daß Personen im Zeitfluß sich individuieren und ihre Identität permanent neu festsetzen, folgt nicht, daß die Prädikate, die ich ihnen nacheinander zulege, semantisch im Fluß wären. Verliebtheit und Depression treffen auf ein Individuum (vielleicht) nicht gleichzeitig, sondern nacheinander zu; die Semantik dieser Prädikate ist aber invariant. Strawson würde hinzufügen, daß Identifikation keine Dauer einschließt: sie kann durchaus punktuell hier und jetzt geschehen, wie es die Unumgänglichkeit der Verwendung von demonstrativen Ausdrücken (die immer nur aus der Sprechsituation sich verstehen) schon anzeigt (*Individuals*, S. 150f.).

Demnach wäre Individualisierung das Werk von Konfigurationen und Konstellationen aus Sprechsituationen und Prädikaten. Individuell wäre die Situation, aber was in ihr von einer Person gesagt werden kann, wäre prinzipiell immer das gleiche, nämlich der gleiche (nur je anders kombinierte) Vorrat von Prädikaten, die in allgemeinen Begriffen bestehen. Die Semantik ist von der Zeitstruktur der Person nicht betroffen. Man könnte sich deren fließende Identität als einen kontinuierlichen Transformationsprozeß derart vorstellen, daß ein fixer Vorrat an gleichbedeutenden Prädikaten in je anderer Konstellation nacheinander einem Individuum zugeschrieben wird. Ich werde immer wissen, was von einem Individuum der Fall ist, sofern ich nur die Identifikations-, die Verifikationsregel und die Grammatik einer Sprache beherrsche.

Da das Postulat der semantischen Symmetrie ein sprachphilosophisches Argument verwendet, ist es nur durch eine sprachphilosophische Reflexion verwundbar. Sie hätte geltend zu machen, daß in die Entwurfsstruktur von Individualität auch die Semantik selbst eingeht: Bedeutungen fallen nicht mit einer fixen semantischen Identität versehen aus dem Ideenhimmel, sie werden Ausdrücken durch Sinn-Hypothesen (die selbst Entwurfscharakter besitzen) in prinzipiell widerrufbarer Weise verliehen. Das Postulat der semantischen Identität von Prädikaten wird dem Faktum nicht gerecht, daß Bedeutungen auf Interpretationen beruhen und daß die Semantik von Ausdrücken selbst eine Funktion des Weltentwurfs einer Person ist. Eine Person, die ihren Sinn spontan entwirft, kann die Bedeutungen der Prädikate, durch welche sie selbst und andere sie charakterisieren, verschieben, neu festsetzen, von einem Gebrauch auf den nächsten unkontrollierbar modifizieren. Damit ist Intersubjektivität nicht etwa ausgeschlossen: sie verlangt lediglich eine schritthaltende Spontaneität des Verstehens auf seiten des Gesprächspartners. Schleiermacher hat die Ansicht vertreten (und begründet), daß für die semantische Identität eines zweimal geäußerten Wortes oder Satzes keine anderen als hermeneutisch-pragmatische Kriterien zur Verfügung stehen. Er nannte ›individuell‹ einen Wortgebrauch, der sinnverändernd und regelüberschreitend wäre. Es ist dann aus analytischen Gründen einzusehen, daß seine Semantik verkennen müßte, wer sie auf der Grundlage der eben überschrittenen Grammatik »dekodieren« wollte (jede Grammatik trägt einen Index von Vergangenheit, der durch zukunftsgerichtete Redehandlungen permanent überschritten und in Frage gestellt wird; was *eben* galt, gilt gerade darum *nicht mehr*).

Die Zeitlichkeit der Person impliziert also mehr, als gewisse Fraktionen der analytischen Sprachphilosophie ihr zugestehen können, nämlich daß die aktiv auf ihre Zukunft sich entwerfende Person sich nach und nach verschiedene (semantisch invariant vorgegebene) Prädikate zulegt. Schleiermacher würde einwenden, daß ein Individuum im Lauf seines Zeitlebens sich nicht nur *verschiedene* Prädikate zulegt, sondern daß es sie sich auch *auf verschiedene Weise,* nämlich in wechselnder Semantik, zuschreibt. Wenn Identifikation aber ohne Prädikatzuschreibung unvollkommen ist (wie Tugendhat es annimmt), die Prädikate wiederum nach Maßgabe der hermeneutischen Kompetenz von zukunftsoffenen Individuen ihre Bedeutungen unabsehbar verändern können, dann ist das Kriterium der Identität der Person (als Individuum) bedroht. Um zu garantieren, daß die Person als eine und dieselbe aus einer (untereinander durch systematische Bezüge vernetzten) Pluralität von Verifikations-Perspektiven erkannt werden kann, muß unterstellt werden, daß Verifikationsposition und Person einander im Verhältnis eins zu eins zugeordnet sind. Diese Prämisse ist aber hermeneutisch naiv, weil sie unterschlägt, daß aus einer und derselben Perspektive und mit Blick auf einen und denselben Gegenstand eine prinzipiell unabsehbare Fülle von Deutungen erfolgen kann, von der alle Ausdrücke betroffen werden können, in denen die Deutung sich intersubjektiv artikuliert. Um diese Konsequenz zwingend zu machen, müßte übrigens nicht gezeigt werden, daß die Bedeutung sich von einer zur anderen Verifikationssituation oder Wortverwendung tatsächlich verschiebt; es genügt zu zeigen, daß sie sich auf von der Grammatik und vom Leibnizschen Gesetz unkontrollierbare Weise verschieben *kann.* Will man nicht dem Fetischismus von Autotransformation eines Abstraktums wie *der* Sprache verfallen (*die* Sprache ist eine Idealisierung auf die Regelhaftigkeit einer jede Beobachtungssituation überfordernden, da unabsehbaren Menge von konkreten Redehandlungen), bleibt nur die Möglichkeit, Bedeutungsveränderungen dem Wesen zuzuschreiben, das sich, eingefügt in einen intersubjektiven Verständigungsrahmen, sprechend auf den Sinn seiner Welt hin entwirft; dies Wesen könnte, wenn es nicht das Allgemeine selbst ist, nur das Individuum sein.

Sehr oft liest man, die Geschichte der Philosophie verdanke die ersten Andeutungen eines so geprägten Individualitätskonzepts dem Werk von Gottfried Wilhelm Leibniz. In ihm sei zuerst der Pluralität von Erkenntnissubjekten als jeweils einzelnen Rechnung getragen und damit der Allgemeinbegriff *des* Subjektes konkretisierend überschritten worden. Nun hat Leibniz die Einzigartigkeit der Monade aus dem Gesetz der Identität – dem berühmten »principe des indiscernables« – zu erklären versucht (*Monadologie*, § 9, *Discours de Méthaphysique*, §§ 8/9). Nimmt man hinzu die These ihrer Einfachheit (*Monadologie*, § 1) sowie die andere, daß nur belebte Wesen Monaden heißen dürfen, keinesfalls anorganische Existenzen (vgl. *Die philosophischen Schriften*, hg. von C. I. Gerhardt, 7 Bde., Berlin 1875-80, Nachdruck Hildesheim 1983, Bd. II, S. 520; Brief an des Bosses vom 29. 5. 1716; *Monadologie*, § 63), ferner Leibnizens Grundüberzeugung, daß sich die Monaden nur hinsichtlich ihrer inneren Zustände (*perceptions*) bzw. des Grades ihrer Deutlichkeit unterscheiden (Gott ist die oberste, stets mit vollkommener Deutlichkeit apperzipierende Monade), so sieht man das *Identitäts-Kriterium* in eine spannende Nähe zum *Selbstbewußtsein* der Individuen gebracht: denn nach Leibnizens Überzeugung ist die Reflexion (das Selbstbewußtsein [*Monadologie*, § 30]) nur der letzte Deutlichkeitsgrad, den die auch Pflanzen und Tieren gemeinsamen Perzeptionen erlangen können. Daraus hat dann Schelling als den eigentlichen »Charakter des Leibnizschen Systems« den latenten Idealismus desselben abgeleitet: die Vorstellung, daß Individualität nicht länger mehr leblosen Atomen, sondern nur noch beseelten und, in oberster Potenz, selbstbewußten Wesen zugeschrieben werden könne (*Sämmtliche Werke*, hg. von K. F. A. Schelling, Stuttgart 1856-1861, I/6, 109; vgl. I/2, 37). »Es ist ein vollkommenes Mißverständnis, wenn man die Monaden des Leibniz als physische Atome verstanden hat, obgleich dieß sehr allgemein geschehen ist.

Leibniz definirt die Monas als reine vorstellende Kraft, und läßt alle Materie selbst nur in den Vorstellungen der Monaden existiren« (l. c., I/6, S. 104).

Nach dieser Deutung wäre die Individualität der Monaden eine Funktion ihres Bewußtseins oder zumindest aus dem Bezug aufs Bewußtsein nicht herauszunehmen. Leibniz führt das Individuierungsprinzip aber über dasjenige der numerischen Identität Ununterscheidbarer ein. Es besagt »qu'il n'est pas vray que deux substances se ressemblent entièrement, et soyent différentes *solo numero*« (*Discours de Métaphysique*, § 9). Als Begründung wird angegeben, daß jede einzelne Substanz in ihrem Begriff sämtliche Ereignisse der Welt auf die ihr eigene Weise enthalte (»toute substance est comme un monde entier et comme un miroir de Dieu ou bien de tout l'univers, qu'elle exprime chacune à sa façon, à peu près comme une même ville est diversement représentée selon les différentes situations de celuy qui la regarde«). In der *Monadologie* (§ 9) erfolgt die Begründung invers: die Verschiedenheit der Monaden, deren jede aus ihrem Gesichtspunkt die Welt widerspiegelt (vgl. *Philosophische Schriften*, l. c., VI, S. 599), folgt aus der Ununterscheidbarkeit als gleich angenommener Individuen:

> Il faut même, que chaque Monade soit différente de chaque autre. Car il n'y a jamais dans la nature, deux Êtres, qui soient parfaitement l'un comme l'autre et où il ne soit possible de trouver une différence interne, ou fondée sur une dénomination intrinsèque.

Als ununterscheidbar (»indiscernables«) für den Verstand oder als ein und dasselbe Seiende ausmachend betrachtet Leibniz zwei Wesen, die sich nur hinsichtlich quantitativer Differenzen voneinander unterscheiden, qualitativ oder hinsichtlich ihrer inneren Bestimmungen aber übereinkommen. Die Quantität verdoppelt oder vervielfältigt, konstituiert aber nicht das Sein der Substanzen: sie setzt es voraus (l. c., § 8: »il faut que les Monades aient quelques qualités, autrement ce ne serait pas mêmes des êtres. [...] les Monades étant sans qualités, seraient indistinguables l'une de l'autre, puisqu' aussi bien elles ne diffèrent point en quantité: et par conséquent le plein étant supposé, chaque lieu ne recevrait toujours, dans le mouvement, que l'Équivalent de ce qu'il avait eu, et un état des choses serait *indiscernable* de l'autre«). Das Sein (»être«) setzt Distinktheit voraus, um dem Verstand faßlich zu sein, und die reine Quantität enthält nichts dergleichen. Unter

Zugrundelegung einer solchen Definition kann nur die Qualität oder innere Bestimmtheit (»dénomination intrinsèque«) das Sein einer Substanz fundieren.

Niemand übersieht die Spannung, die zwischen den beiden Ansprüchen der Distinktheit/Individualität der Monaden einerseits und der Tatsache besteht, daß sie alle in sich den vollständigen Begriff des Universums enthalten sollen. Besteht ihre Identität mithin in der Unterschiedenheit einer jeden von jeder anderen? Oder muß sie vielmehr, im Sinne von Geachs relativer Identität, im Umstand aufgesucht werden, daß alle Monaden gemein haben, das gesamte Universum, wenn auch auf verworrene und nicht reflektierte Weise, zu repräsentieren? (Individuum a und Individuum b wären alsdann identisch, indem sie beide unter den Gattungsbegriff ›Substanz‹ fallen, wobei Substanz definiert wäre durch ›Seiendes, das den vollständigen Begriff des Universums in sich enthält‹.)

Um zu entscheiden, muß man sich nach anderen Belegen umsehen. Das ursprünglich mit *Non inelegans specimen demonstrandi in abstractis* überschriebene Manuskript setzt mit folgender Definition ein:

Identisch sind diejenigen (Termini), deren einer für den anderen salva veritate eingesetzt werden kann. Wenn A und B gegeben sind und A geht in irgendeinen wahren Satz ein derart, daß bei Ersetzung von A durch B an irgendeiner Stelle dieses Satzes ein neuer ebenso wahrer Satz entsteht und dies für jeden solchen Satz stets zutrifft, so nennt man A und B identisch; und wenn umgekehrt A und B identisch sind, so verfährt man mit der Ersetzung, wie ich gesagt habe. Identisch nennt man auch koinzident; manchmal jedoch nennt man A und A zwar identisch, A und B hingegen, wenn sie identisch sind, koinzident (*Philosophische Schriften*, l.c., VII, S. 228).

Eine andere Formulierung: »Diejenigen Termini sind äquivalent, durch welche dieselben (idem) Dinge (res) bezeichnet werden, wie z. B. Dreieck oder Dreiseit« (*Opuscules et fragments inédits*, éd. L. Couturat, Paris 1903, S. 240). Kuno Lorenz hat gezeigt, daß Leibniz selbst – trotz gelegentlicher anderslautender Formulierungen – die Ersetzbarkeit salva veritate mit der Identität Ununterscheidbarer gleichgesetzt hat, und zwar in einem von Franz Schmidt (Hg., Leibniz, *Fragmente zur Logik*, Berlin 1960) zugänglich gemachten Fragment:

Es genügt nicht, daß ich gesagt habe, es könne nicht zwei in allem gleiche (per omnia similia) Einzeldinge (singularia) geben, z. B. zwei Eier; es ist nämlich nötig, daß irgendwie von dem einen gesagt werden kann, was von dem anderen nicht gesagt werden kann, sonst könnten sie gegenseitig füreinander eingesetzt werden, und es wird kein Grund dafür dasein, warum sie so nicht vielmehr als ein und das selbe (unum et idem) angesprochen werden (l. c., S. 476; vgl. Kuno Lorenz, *Die Begründung des principium identitatis indiscernibilium*, in: *Akten des internationalen Leibniz-Kongresses Hannover 14.-19. November 1966*, Bd. III, Wiesbaden 1969, S. 149-159, hier: S. 152).

Eine Formulierung, die beide Definitionen zusammenbringt, könnte lauten: Die Identität zweier (konkreter) Gegenstände wird definiert durch ihre Ersetzbarkeit salva veritate in beliebigen Aussagen, also durch die Übereinstimmung der ›vollständigen Begriffe‹ dieser Gegenstände. Alsdann sind zwei Gegenstände (numerisch) identisch, wenn sie sich durch keine Eigenschaft voneinander unterscheiden oder wenn die Aussage gilt »A(s) genau wenn A(t)«. (Wenn A im vollständigen Begriff von s enthalten ist, dann ist es auch im vollständigen Begriff von t enthalten und umgekehrt).

Auf diese Weise ist Identität zunächst als eine Beziehung bestimmt, die eine adäquate Relation ›dasselbe‹ zwischen verschiedenen Termini (s und t) einzuführen gestattet; und diese Selbigkeit ist mit der logischen Definition von Identität in einem zweiten Schritt enggeführt. Das Erstaunliche der Konsequenz, die Leibniz aus dieser doppelten Definition zieht, besteht nun in einer Enttäuschung der Erwartung, die als Individuen charakterisierten und identifizierten Substanzen seien wesenhaft voneinander unterschieden. Die Verschiedenheit der Zustände (oder Standpunkte oder Situationen) ist nur eine Bedingung dafür, daß in einem nicht-trivialen (nicht-tautologischen) Sinne von Identität zwischen ihnen gesprochen werden darf. Von der Verschiedenheit dieser Zustände/Gesichtspunkte abgesehen, müssen die beiden Relata der Identitäts-Gleichung aber hinsichtlich *aller* »dénominations intrinsèques« übereinstimmen. Daraus wiederum scheint zu folgen, daß Substanzen alle ihre verschiedenen Zustände *jederzeit* besitzen müssen, sonst handelte es sich nicht um *eine* Substanz, sondern um eine Abfolge *verschiedener* Substanzen (*Discours de Métaphysique*, § 8/9).

Il est bien vray, que lorsque plusieurs prédicats s'attribuent à un même sujet, et que ce sujet ne s'attribue plus à aucun autre, on l'appelle substance individuelle; mais cela n'est pas assez, et une telle explication n'est que nominale. Il faut donc considérer ce que c'est que d'estre attribué véritablement à un certain sujet. Or il est constant que toute prédication véritable a quelque fondement dans la nature des choses, et lors qu'une prédication n'est pas identique, c'est à dire lors que le prédicat n'est pas compris expressement dans le sujet, il faut qu'il y soit compris virtuellement, et c'est ce que les Philosophes appellent *in-esse,* en disant que le prédicat *est dans* le sujet. Ainsi il faut que le terme du sujet enferme toujours celuy du prédicat, en sorte que celuy qui entendroit parfaitement la notion du sujet, jugeroit aussi que le prédicat luy appartient. Cela estant, nous pouvons dire que la nature d'une substance individuelle ou d'un estre complet, est d'avoir une notion si accomplie, qu'elle soit suffisante à comprendre et à en faire deduire tous les prédicats du sujet à qui cette notion est attribuée. (...) Dieu voyant la notion individuelle [d'une substance], y voit en même temps le fondement et la raison de tous les prédicats qui se peuvent dire de luy véritablement. (...) Aussi quand on considère bien la connexion des choses, on peut dire qu'il y a de tout temps dans l'âme [d'un individu, par exemple, celle d'Alexandre] des restes de tout ce qui luy est arrivé, et les marques de tout ce qui luy arrivera, et mêmes les traces de tout ce qui se passe dans l'univers, quoyqu'il n'appartienne qu'à Dieu de les reconnoistre toutes.
(...)
On peut même dire que toute substance porte en quelque façon le caractère de la sagesse infinie et de la toute-puissance de Dieu, et l'imite autant qu'elle en est susceptible. Car elle exprime quoyque confusement tout ce qui arrive dans l'univers, passé, present ou avenir, ce qui a quelque ressemblance à une perception ou connoissance infinie; et comme toutes les autres substances expriment cellecy à leur tour et s'y accomodent, on peut dire qu'elle étend sa puissance sur toutes les autres à l'imitation de la toute-puissance du Createur.

So taucht gleichsam aus dem Abgrund der Privation aus jeder Monade ein Bild des vollständigen Begriffs des Universums auf, wie er in aller Deutlichkeit nur Gott gegenwärtig ist. Die Selbigkeit der Welt als des Gesamt der wahren Sachverhalte (auf die sich durchs Gesamt der wahren Propositionen verweisen läßt) wird so garantiert durch die Selbigkeit des Gegenstandes der Perzeptionen (sie seien dunkel oder verworren oder deutlich) aller verschiedenen Individuen. Die einzigen realen Unterschiede, die zwischen ihnen statthaben, sind solche der Selbstauffassung (ein Teil der Perzeptionen ist »insensible«, nur die Zentralmonade verfügt über das durchgängig distinkte Bewußtsein aller im Begriff des Universums versammelten Prädikate). So kann Leibniz die zwei im Begriff der Identität zusammengedachten Bedeutungsaspekte – Verschiedenheit der Zustände der Substanz und Identität ihrer Welt – zu der verblüffenden Konsequenz entfalten, daß Identität sensu stricto Verschiedenheit, einschließlich die der Zustände, ausschließt (vgl. Dieter Henrich, *Identität und Objektivität. Eine Untersuchung über Kants transzendentale Deduktion*, Heidelberg 1975, S. 78). Damit begegnet seine Monadologie, auf der Grundlage ihres extrem restriktiven Identitätskriteriums, der Substanzphilosophie Spinozas wieder, der sie gemeinhin entgegengesetzt wird. Auch Spinoza hätte den Satz unterschreiben können, »qu'il n'y a jamais dans la nature, deux Êtres, qui soient parfaitement l'un comme l'autre et où il ne soit possible de trouver une différence interne, ou fondée sur une dénomination intrinsèque«; nur deutet er ihn im Sinne seines 5. Lehrsatzes (im I. Teil der *Ethik*), wonach es in der Natur keine zwei oder mehrere Substanzen von derselben Natur oder von demselben Attribut, daß es mithin nur eine einzige Substanz geben könne. Diese Konvergenz des sogenannten Leibnizschen Individualismus mit dem Spinozaschen Universalismus hat niemand deutlicher gesehen als Schelling. Er war es auch, der dem Leibnizschen Identitätskriterium, das doch gemeinhin als Kriterium der *numerischen* Identität umschrieben wird, nachzuweisen versuchte, daß es mit dem der wesenhaften Identität der spinozistischen Substanz zusammenfällt:[1]

1 Schelling war sich der Originalität seiner Interpretation durchaus bewußt. In der *Propädeutik der Philosophie* von 1804 sagte er seinen Studenten: »Wenn Ihnen auffallen sollte, daß diese Darstellung des Leibnizianismus von allen bekannten sehr wesentlich abweicht, so bemerke ich, daß allerdings das Leibnizsche System bis auf den heutigen Tag allgemein mißverstanden worden ist und daß man Leibniz, um einen Ausdruck Kants bei anderer Gelegenheit zu gebrauchen, erst besser verstehen muß, als er sich selbst verstand, um ihn richtig zu verstehen« (I/6, S. 108). Schon 1797, in der Einleitung zu den *Ideen (...)*, hatte er es für »unmöglich [erklärt], Leibnizen zu verstehen, ohne auf diesen Punkt sich gestellt zu haben« (I/2, S. 37), nämlich den der ursprünglichen Koinzidenz des Unendlichen und des Endlichen. Die von 1796/97 datierenden *Abhandlungen zur Erläuterung des Idealismus der Wissenschaftslehre* waren im III. Kapitel mit der vielversprechenden, dort freilich dunkel bleibenden Bemerkung beschlossen worden: »Die Geschichte der Philosophie enthält Beispiele von Systemen, die mehrere Zeitalter hindurch räthselhaft geblieben sind. Ein Philosoph, dessen Principien alle diese Räthsel auflösen werden, urtheilt noch neuerdings von Leibniz, er sey wahr-

Die Monaden sind Seelen; jede derselben ist eine Welt für sich und ein lebendiger Spiegel des Universums. Man muß diesen Atomismus im Gegensatz gegen den Spinozismus betrachten, um ihn ganz klar zu erkennen, Spinoza sagt: Es ist nur Ein Universum und Eine Substanz; Leibniz: Es sind so viel Universa und so viel Substanzen als Monaden sind. Die absolute Substanz wird [indes] durch die Vielheit nicht getheilt, denn sie ist in jeder Monas ganz; sie ist nicht numeris, sondern dem Begriff oder der Idee nach Eine, und hört daher auch durch die Vielheit der Monaden nicht auf absolut Eine zu seyn (Schelling, l. c., I/6, S. 104).

Monaden sind, in Schellings Deutung, Ideen; und unter einer Idee versteht er die Einbildung des Unendlichen ins Endliche so, daß das Endliche in seiner – von anderem Endlichen durch Negation/Limitation ausgegrenzten – Einheit zugleich wieder das All selbst darstellt. Alle Endlichkeit beruht auf Negation/Einschränkung. Betrachte ich ein Subjekt, insofern es von anderen verschieden ist, so betrachte ich es als Individuum (das ›insofern‹ bezeichnet eine Relation; in ihr wird bestimmt, was nur in der Weise der Relativität, der Nicht-Absolutheit, existiert). Sehe ich indessen von dieser Relation der Individuen zu anderen Individuen ihresgleichen ab, so betrachte ich ein jedes von ihnen als »Idee«, d. h. »ohne es zu beschränken, denn nur inwiefern jede[s] für sich ein Universum ist, wird das Besondere an ihnen zu einer bloßen wiederholten Position des All, des Unendlichen – und nicht zur Negation«, wie es von den limitativen Affektionen der unendlichen Substanz des Spinoza der Fall ist (I/6, S. 105). Die »individuirten Ideen« hören in der Beschränktheit ihrer endlichen Existenz nicht auf, in substanzieller Identität mit dem All zu bestehen (l. c., S. 109). Wenn Leibniz, in der Lettre IIe à Mr. Bourguet, 1697, seine Position derjenigen Spinozas direkt entgegensetzt, mit dem Argument: »(...) il y a autant de substances véritables et pour ainsi dire de miroirs vivans de l'univers toujours subsistans ou d'univers concentrés qu'il y a de monades, au lieu que, selon Spinosa, il n'y a qu'une seule substance«, so sieht man doch bereits an der Formulierung, daß er die Individuierung im Sinne Schellings als eine Partikularisierung des vollkommenen Begriffs des Universums

scheinlich der einzige Ueberzeugte in der Geschichte der Philosophie, der Einzige also, der im Grunde recht hatte. Diese Aeußerung ist merkwürdig, weil sie verräth, daß die Zeit, Leibnizen zu verstehen, gekommen ist. Denn, so wie er bisher verstanden ist, kann er nicht verstanden werden, wenn er im Grunde recht haben soll. Diese Sache verdient eine nähere Untersuchung« (I/1, S. 443).

denkt, derart, daß die Einzelheit nicht wirklich einen Ausschluß der Allheit bedeutet. Wer Eine Monade vollständig erkennte, würde in ihr das All erkennen, dessen Spiegel (miroir) sie ist.

Um diesen repräsentativen Einstand des All in der durch qualitative Unterschiede charakterisierten Monade verständlich zu machen, muß Leibniz zur Idee der unbewußten Vorstellungen Zuflucht nehmen (»petites ou insensibles perceptions«), die vor allem in der *Préface* zu den *Nouveaux Essais* und in den §§ 20 und 21 der *Monadologie* entwickelt ist. Diese Hilfsidee soll die Frage beantworten, wie die beiden Aussagen, daß erstens alle Monaden die gleichen »perceptions« haben und zweitens alle Monaden qualitativ voneinander verschieden sind, zusammenbestehen können. Die Antwort lautet, daß jede bewußte (apperzipierte) Vorstellung (z. B. die vom Brausen des Meeres) sich aus vielen dunklen und unreflektierten Vorstellungen zusammensetzt, die darum doch nicht ohne Wirkung auf uns sind. Nimmt man hinzu die Überzeugung, daß alle Perzeptionen sich nur nach Graden der Klarheit, nicht aber der Qualität unterscheiden – Vorstellungen sind klar, wenn sie die Unterscheidung ihrer Gegenstände ermöglichen, sie sind deutlich, wenn sie zur Unterscheidung aller Komponenten ihrer Gegenstände zureichen, andernfalls unbestimmt oder dunkel –, dann kann man die Annahme verständlich finden, daß auch diejenigen Perzeptionen, über die ich kein reflexives Bewußtsein habe, meiner Seele gleichwohl einwohnen. Die Theorie der »perceptions insensibles« macht so ohne (logischen) Widersinn erklärlich, daß jede Seele einen unendlichen Inhalt hat, nämlich ein Spiegel der *ganzen* Welt ist. »Ces petites perceptions«, sagt Leibniz in der *Préface* zu den *Nouveaux Essais,* »sont donc de plus grande efficace par leurs suites qu'on ne pense. Ce sont elles qui forment ce je ne sais quoi, ces goûts, ces images des qualités des sens, claires dans l'assemblage, mais confuses dans les parties; ces impressions que les corps environnants font sur nous, qui enveloppent l'infini, cette liaison que chaque être a avec tout le reste de l'univers. On peut même dire qu'en conséquence de ces petites perceptions le présent est gros de l'avenir et chargé du passé, que tout est conspirant (σύμπνοια πάνῖα, comme disait Hippocrate), et que dans la moindre des substances, des yeux aussi perçants que ceux de Dieu, pourraient lire toute la suite des choses de l'univers, *Quae sint, quae fuerint, quae mox futura trahantur*« (éd. Jacques Brunschwig, Paris: Garnier-Flammarion, 1966, S. 39).

So wird deutlich, daß von einem Individualismus – oder von der Emanzipation des Gedankens vom Einzelsubjekt – bei Leibniz im Grunde keine Rede sein kann. Seine Leistung besteht eher darin, die Kommensurabilität von Begriff und Individuum gezeigt zu haben. Darin steht er in einer breiten antiken, vor allem aber scholastischen Tradition. Obwohl es immer Ansätze gegeben hat, Individualität und Besonderheit zu unterscheiden (z. B. bei Gilbert von Poitiers und bei Richard von Sankt Victor), macht zumal die mittelalterliche Lehre von den unterschiedlichen Graden der Individualität und vom »principium individuationis« deutlich, daß die Eigentümlichkeit des Individuums nicht etwa bloß durch einen kategorialen Sprung vom Allgemeinen aus erreicht, sondern durch kontinuierliche Übergänge aus dem Universellen abgeleitet werden kann. Ein Element, das aus einem Ganzen durch Eingrenzung ausgesondert werden kann (oder wie ein Fall unter eine Regel fällt), heißt ein Besonderes. Die Individuen der Scholastik, aber auch Leibnizens, sind in diesem Sinne Besondere, nicht Individuen. (Individuen wären solche Elemente, deren Bedeutung nicht ohne zusätzliche hermeneutische Anstrengung aus dem Begriff des Ganzen gewonnen werden kann, dem sie außerdem auch als Partikularitäten zugehören.) Die Individuen des Heiligen Thomas oder des Leibniz sind gegeneinander – kraft der symbolischen Repräsentanz des »esse commune« oder des »All« in ihnen – nicht inkommensurabel. Bei Nicolaus von Cues findet sich bereits die Formulierung, die auch noch für Leibnizens Monadologie zutrifft: »Individua sunt actu, in quibus sunt contracte universa« (*Doct. ign.* 2,6). Die Gleichartigkeit von Allgemeinem (universum) und Einzelnem (individuum) – mit der charakteristischen Implikation, daß das Individuelle eine »Art«, eine »species«, wenn auch die allerkleinste sei (vgl. *Discours de Métaphysique,* § 9) – verweist Individualität auf den Rang eines »ens omnimodo determinatum«. Sie ist von gleicher Natur mit dem All, dessen Qualitäten in ihr nur in einer besonderen, aus dem Begriff des Universums deduzierbaren Konfiguration zusammentreffen: eine Diskontinuität zwischen dem Kleinsten und dem All ist kraft des Ableitungsverhältnisses, das zwischen beiden statthat, analytisch ebenso ausgeschlossen wie im Kalkül mit infinitesimalen Größen, die ihrer Winzigkeit unerachtet der Herrschaft des Wissens dennoch nicht entgleiten. – Wenn Leibniz gleichwohl den Satz verteidigt, daß wir keine vollständige Erkenntnis oder Repräsentation der individuellen Substanz haben können (keine »notion individuelle« *[Opuscules et fragments inédits, l. c. S. 529])*, eben weil die Individualität die Unendlichkeit einschließt (*Nouveaux Essais* III, 3, § 6, l. c., S. 248 f.), so meint er das keineswegs im Sinne des Goethe-Worts »individuum est ineffabile«. Die Inkommensurabilität des Individuellen ist keine prinzipielle, sie besteht schon für den menschlichen (selbstbewußten) Verstand nur noch teilweise und fällt für Gott hinweg (»quoyqu'il n'appartienne qu'à Dieu de les reconnoistre toutes« [*Discours de Métaphysique*, § 8]). Gott oder die Zentralsubstanz hat Zugang zu allen Zuständen der Einzelsubstanzen, so wenig es denselben auch möglich sein mag, die Zustände anderer Individuen ihresgleichen in distinkter Erkenntnis im eigenen Verstand zu repräsentieren.

Strawson hat Leibnizens Monadologie in *Individuals* ein ganzes Kapitel eingeräumt (das vierte). Sein Haupteinwand ist, wie nicht anders zu erwarten, daß Leibnizens Anbindung des individuellen Bewußtseins ans Thema der Identifikation (l. c., S. 150) von der unhaltbaren These ausgehe, daß ein Individuum ohne Rückgriff auf deiktische Ausdrücke in ausschließlich allgemeinen Termini sich beschreiben lasse, derart, daß nur dieses eine Individuum der Beschreibung entspricht. Tatsächlich mache die Verwendung des Begriffs ›Identifikation‹ nur Sinn in einem Raum-Zeit-Kontinuum, das die von Leibniz ausdrücklich ausgeschlossene raumzeitliche Lokalisierung von Einzeldingen wieder ins Spiel bringt (zwei qualitativ in jeder Hinsicht Gleiche können immer noch als numerisch verschieden identifiziert werden, sofern sie an verschiedenen Orten oder zu verschiedenen Zeiten auftreten). Für die Variable ›F‹ im Leibnizschen Gesetz [(F) (Fa ≡ Fb)] sollen nach Leibnizens Ansicht jedoch grundsätzlich nur »dénominations intrinsèques«, interne Begriffe[1] (generelle Termini) stehen und nicht Termini für die Bezüge, die die betreffende Substanz zu anderen Substanzen unterhält. Das hängt mit Leibnizens Überzeugung zusammen, daß Wahrheit analytisch festgestellt wird: sie entfaltet die Qualitäten der Prädikate aus der Bedeutung des Subjekt-Terminus (B ist dann von A der Fall, wenn A ein komple-

1 Mit ›intern‹ oder ›intrinsisch‹ ist gesagt, daß es nicht genügt, daß diese Bestimmungen in nur äußerlichen Verhältnissen bestehen; sie müssen sich vielmehr aufs Subjekt selbst beziehen, d. h. innerlich sein. Die einzigen uns bekannten inneren realen Bestimmungen, die einem Einfachen zugesprochen werden können, sind aber Vorstellungen, und diese können nur Monaden beigelegt werden.

xer Begriff ist und u. a. als »terminus prim[itiv]us« denjenigen von B in sich enthält). Damit ist die Frage der Wahrheit einer Aussage auf die Struktur von (allgemeinen) Begriffen zurückgeführt. Leibniz nennt sie, in scholastischer Tradition, die Relation des »in-esse« (vgl. *Fragmente zur Logik*, l. c., S. 301 und S. 398, ferner *Discours de Métaphysique*, § 8).

Durch Zuschreibung von allgemeinen Termini können Monaden nach Strawsons Überzeugung nicht individuiert werden. Insbesondere ist unverständlich, wie in Leibnizens Monadenwelt »zwei verschiedene Positionen« sollen bezogen werden können, wenn es keine gemeinsame räumliche Welt gibt, der sie angehören und die ihnen unterscheidbare Standpunkte zuwiese (*Individuals*, S. 158 f.). Denn real sind in Leibnizens Welt nur die Monaden und ihre Zustände – die Raum-Zeit-Welt ist das aktiv von ihnen Vorgestellte. Nun könnte der Konstitutionsgrund nicht in der Welt lokalisiert werden, deren Grund er ist; damit wird die Rede von der Perspektivität der Monaden unverständlich.[1]

Strawson erwägt eine zweite Deutung der Terme ›Individuum‹ und ›Monade‹ in Leibnizens Philosophie, die er für »in vielerlei Hinsicht attraktiver« hält (l. c., S. 162). Sie schlägt vor anzunehmen, daß die Individuen des Systems gar keine Einzelexistenzen sind, sondern Universalien, Typen oder Begriffe. Von ihnen gilt, daß sie nicht in einer Raum-Zeit-Welt existieren und daß die analytische Wahrheitsdefinition auf sie mühelos anwendbar ist. Eine Monade wäre dann der Begriff eines x, dem eine bestimmte Menge von Qualitäten zugesprochen wird. »Vollständig« wäre der Begriff einer Monade – Leibnizens Idee zufolge, wonach auch die nicht reflexiv verdeutlichten Perzeptionen der Monade virtuell einwohnen – freilich erst dann, wenn die Reihe der Prädikate

1 Ich übergehe in diesem Zusammenhang Henrichs Einwände gegen das, was er den »starken Verifikationismus« nennt: die von Strawson und Tugendhat vertretene These, wonach Satzsinn und Satzwahrheit unter zwei Ausweisungsbedingungen stehen: erstens, daß jedes Einzelding aus dem System *aller* Einzeldinge ausgesondert werden muß und daß zweitens diese Aussonderung in Wahrnehmungssituationen geschehen müsse. Die erste Bedingung beruht auf einem überzogenen Holismus, der auf eine definitiv feststellbare Weltordnung vorgreift, die niemandem verfügbar ist; die zweite übersieht die Tatsache, daß sehr viele Einzeldinge nicht durch Augenschein identifiziert werden *können*. Ferner ist uneinleuchtend die Unterstellung einer Eins-zu-eins-Relation zwischen Einzelding und Wahrnehmung (Dieter Henrich, *›Identität‹ – Begriffe, Probleme, Grenzen*, in: *Identität*, hg. von Odo Marquard und Karlheinz Stierle, München 1979, S. 160-174).

eine erschöpfende Beschreibung der Geschichte (Zeitachse) und Geographie (Raumordnung) der betreffenden möglichen Welt enthielte (vgl. Strawson, l. c., S. 163 f.). Alsdann wären identisch zwei (oder mehrere) solche Begriffe, die hinsichtlich aller ihnen zugesprochenen Prädikate (oder Beschreibungen) übereinkommen, auch wenn der Gegenstand, auf den Bezug genommen wird, numerisch vielfach auftritt oder wenn die Anordnung der Prädikate, die ihm zugesprochen werden, eine von Mal zu Mal andere ist (in der Umschreibung des Begriffs Napoleon wird die Wendung nicht fehlen: »... der von Wellington, Gneisenau und Blücher bei Waterloo geschlagen wurde«, wobei allen Eigennamen eine vollständige Beschreibung folgt; dagegen wird die Beschreibung der drei Eigennamen Wendungen enthalten wie »... und die einen Mann besiegten, welcher«, wobei dem Relativpronomen eine vollständige Napoleon-Beschreibung folgt). So ist der Individualität des Gesichtspunktes ebenso Genüge getan wie dem Erfordernis der vollständigen Abspiegelung der gesamten Welt durch jedes Individuum. Der Unterschied der Individuen ist hier der Unterschied, der zwischen der Bedeutung von allgemeinen Begriffen besteht. Jeder Begriff – z. B. der eines gleichschenkligen Dreiecks – schließt eine Unendlichkeit von untereinander identischen Raumfiguren ein und ist dem des Quadrats entgegengesetzt; der Begriff ›Liebe‹ impliziert eine potentielle Unendlichkeit von psychischen Zuständen, die einträchtig durch ihn charakterisiert und von anderen Seelenlagen abgegrenzt werden, und zwar ohne die mindeste Beeinträchtigung ihrer semantischen Identität. Hier – und es scheint: nur hier – findet im strengsten Wortsinne Selbigkeit Nichtunterscheidbarer statt. Sie ist ein Wesensmerkmal jedes Begriffs, der in der Wiederholung seine (semantische) Identität wahrt. Damit ist im Grunde nicht mehr gesagt, als was die Logiker mit der Type-token-Unterscheidung zu treffen suchen: die Tatsache, daß für alle regelgeleiteten Elemente einer semantisch vollständig interpretierten Welt gelten muß, daß unendlich viele token-Vorkommnisse (d. h. durch diese Regeln spezifizierte Einzel-Phänomene) den Sinn dieser Regeln nicht anfechten. Ohne diese gleichsinnige Wiederholbarkeit könnte eine endliche Liste von Typen niemals eine unendliche Zahl von Realisierungen derselben (in token-Form) produzieren bzw. erfassen.

Aber ist damit verständlich gemacht, was wir unter Individualität verstehen? Schleiermacher sagt von ihr, sie lasse sich in keinem Begriff zusammenfassen (*Hermeneutik und Kritik*, hg. von Manfred Frank, Ffm. 1977 [zit.: *HuK*], S. 172), und nur ein Begriff bestehe in strenger Identität mit sich selbst im Durchgang durch eine Unendlichkeit von Realisationen. Demnach wäre nicht nur nicht ausgeschlossen, »daß es eine beliebige Anzahl von ununterscheidbaren Einzelmonaden eines gegebenen Monaden-Typs geben könnte«; diese Möglichkeit kann vielmehr nur mit dem theologischen Argument ausgeschlossen werden, daß Gott die gleichförmige Wiederholung von Typen nicht liebe (Strawson, l. c., S. 169). Dieser theologisch gerechtfertigte Satz wird aber durch die Idealität der Monaden (im Sinne Schellings) eingeschränkt. Denn ihr »vollständiger Begriff« enthält nicht nur die Qualitäten, die ihren eigenen Standpunkt im Universum bestimmen, sondern virtuell auch diejenigen Qualitäten, die dieses Weltstück ins Gesamt aller Qualitäten einfügen, durch welches eine mögliche Welt erschöpfend charakterisiert wird. So lösen sich die Grenzen zwischen Universalien, die *nicht* alle Bestimmungen miteinander teilen (z. B. Verliebtheit und Traurigkeit) und insofern individuiert heißen könnten, im Blick auf die reichhaltigste Beschreibung der Welt, zu der eine jede von ihrem Standpunkt aus beiträgt, auf. Strawson zieht daraus den Schluß, daß Monaden irreal sind; denn der Satz ›C ist ein wirkliches Individuum‹ hätte dann die Bedeutung ›C ist ein Mitglied der reichhaltigsten Klasse von Begriffen‹, und Begriffe existieren nicht in der Weise, in der man von Individuen annimmt, daß sie existieren (vgl. l. c., S. 165 f.). Was nicht existiert, kann sich in Wahrheit von anderem auch nicht unterscheiden. (Was nur A sein *kann,* aber nicht *ist,* läßt sich von dem, was B sein *kann,* aber nicht *ist,* nicht wirklich unterscheiden. Schelling sagte es von Hegels Begriffen ›Sein‹ und ›Nichts‹: »Es geht alles ganz friedlich zu – zwischen Seyn und Nichts [als bloßen Potenzen] ist kein Gegensatz, die thun einander nichts« [Schelling, *Sämmtliche Werke,* I/10, 137; vgl. vor allem II/3, 217-222]).

Eine hermeneutische Konzeption von Individualität

Im ersten Teil unserer Überlegungen hatten wir verschiedene – egologische und nicht-egologische, am Reflexions-Modell und an der Idee einer nicht-relationalen Vertrautheit-mit-sich orientierte – Theorien von Subjektivität und Selbstbewußtsein untersucht. Sie hatten gemein, daß sie das Phänomen als ein Allgemeines zu strukturieren und zu analysieren unternahmen. Zwar hat Hegel mit besonderem Nachdruck darauf hingewiesen, daß wir durch ›ich‹ sowohl das allen Subjekten Gemeine als auch das einem jeden in Abgrenzung gegen alle anderen Eigene bezeichnen. Aber weder er noch seine Nachfolger haben einleuchtend machen können, durch welchen Mechanismus die allgemeine Struktur von Vertrautheit-mit-sich in die Selbstkenntnis von Individualität sich vermittelt, *ohne daß Individualität als einfaches Dedukt eines Allgemeinen – also als Besonderes – aufgefaßt wird.*

Diese Auskunft haben wir auch von denjenigen Vertretern der analytischen Philosophie nicht erhalten können, die uns den »Abstieg vom Ich zum ›ich‹« verordnen und die allgemeine Rede von Subjektivität oder Selbstbewußtsein an die raum-zeitliche Identität der ›Person‹ anbinden. Zwar kann dies Unternehmen, die Person durch ihren Standort in einem Raum-Zeit-Kontinuum zu ›individuieren‹, auf den ersten Blick für aussichtsreicher gelten als dasjenige Leibnizens, der die Monas als ausdehnungslosen »point métaphysique« (*Philosophische Schriften,* Bd. 4, S. 482) begreift und ausschließlich durch die ihr zukommenden (allgemeinen) Qualitäten für individuiert hält (wonach zwischen Individualität und Begriff einer möglichen Welt ein logisches Ableitungsverhältnis, eine vollständige Kommensurabilität stattfände). Wenn indessen Leibnizens Individualitäts-Konzept die Mängel desjenigen der idealistischen Systeme von Fichte bis Hegel vorwegnimmt, so bleibt Strawsons und Tugendhats Personbegriff zu einseitig an den der (möglichen) Identifizierbarkeit in Raum und Zeit gebunden. Nicht nur ist diese Rückbindung erkenntnistheoretisch fragwürdig (wir identifizieren uns nicht durch ›ich‹, und keine Körperbeschreibung beschreibt, was wir meinen, wenn wir uns ein psychisches Prädikat zulegen); die analytische Theorie unterstellt auch eine sprachtheoretisch unhaltbare Identität der Bedeutungen, in denen wir unsere psychischen Zustände artikulieren. Natürlich leugnet, wer zum Raum-Zeit-Kontinuum Zuflucht nimmt, nicht die Zeitlichkeit der Personalisierung. Geleugnet wird aber – aus Gründen eines völlig idealisierten Bildes von Semantik – die Tatsache, daß verschiedene Selbstzuschreibungen von psychischen Prädikaten im Licht ganz verschiedener Interpretationen derselben vorgenommen werden können und daß es kein transkommunikatives Kriterium gibt für die semantische Identität der Ausdrücke, in denen Subjekte ihre Weltansicht schematisieren.

Bringt man diesen Gesichtspunkt ins Spiel, so scheidet die Semantik als Garant der Identität von Aussagen übers Selbst aus. Die ›epistemische Asymmetrie‹ emanzipiert sich von dem bloß hypothetischen Gesichtspunkt der semantischen Symmetrie. Eine hermeneutische Gegenführung sowohl zum Leibnizschen wie zum analytischen Ansatz wird sich davon leiten lassen, daß Identifikation gar kein Zug im Sprachspiel der Selbstverweisung ist. Mir scheint, daß sich Individualisierung des Selbstbezugs überhaupt nur in negativer Abhebung gegen die Idee einer (personalen) Identität denken und begrifflich entfalten läßt.

Dieser Nachweis kann dennoch auf dem Boden der Semantik selbst erbracht werden. Dies als erster versucht zu haben, scheint mir eine der Leistungen Friedrich Schleiermachers, die freilich in der zeitgenössischen Hermeneutik keine Nachfolge gefunden hat. Während die sprachanalytische, ebenso aber die neostrukturalistische Sprachphilosophie die Sprache (sei es als formale Semantik, sei es als differentielles Zeichengitter) als Ausgangspunkt voraussetzen und Fragen der Subjektivität und Personalität von ihnen her angehen (Tugendhat erprobt Selbstbewußtsein nur als »Beispiel« für die Leistungsfähigkeit der sprachanalytischen »Interpretationsmethode« [*SuS*, S. 7]), besteht Schleiermachers Originalität darin, die sprachphilosophische Orientierung aus dem Scheitern des bewußtseinstheoretischen Ansatzes motiviert zu haben.

Ich darf das spezifisch erkenntnistheoretische Motiv, das Schleiermacher zur Ausbildung seines hermeneutischen Individualitätskonzeptes führte, kurz in Erinnerung bringen. In den ersten Paragraphen seiner *Glaubenslehre*[1] und in der *Dialektik* (von

1 *Der christliche Glaube*, nach den Grundsätzen der evangelischen Kirche im Zusammenhange dargestellt. 7. Aufl. Auf Grund der 2. Auflage und kritischer Prüfung des Textes neu hg. von Martin Redeker, II Bde., Berlin 1960, Bd. I, vor allem §§ 3-5.

1822)[1] hat er gezeigt, daß und warum das Prinzip und der letzte Versicherungsgrund der neueren Philosophie, das Selbstbewußtsein, in eine Krise gerät (*Glaubenslehre*, S. 27).[2] Es besteht, wie er sich ausdrückt, in einer »Bestimmtheit«, als deren Urheber es sich nicht anschauen kann und die es insofern »transcendent« nennen muß (*Dialektik*, S. 430): sowie es sich *als* das, was es ist, erfaßt, ist es schon gezeichnet von der Spur einer Verspätung gegenüber dem, wovon es sich – durch sein unverfügliches Bestimmtsein – geprägt, d. h. »abhängig« fühlt.[3] Es ist, sobald es die Augen aufschlägt, schon um seine Selbstgegenwärtigkeit gebracht und kommt nicht länger mehr in Betracht als Ort einer übergeschichtlich sich präsenten Wahrheit, die alle Tatsachen der geschichtlichen Welt in sich enthielte und in deduktiven Schritten freigäbe. Dieses im Wortsinne prinzipielle Gebrechen – Schleiermacher spricht von einem »Mangel«[4] – zwingt das Selbst, die monologisch nicht mehr verfügbare Evidenz seines Wissens auf dem Felde intersubjektiver Verständigung – sprachlich also – zu bewähren. An die Stelle adäquater Schau treten »Repräsentationen des transcendenten Grundes in unserm Selbstbewußtsein« (*Dialektik*, S. 430f.), die, als sprachlich vermittelte, auf intersubjektiver Einhelligkeit, nicht auf objektiver Anmessung an den transzendenten Grund basieren. »Diejenigen, welche das individuelle ganz ausschließen wollen, übersehen ganz, daß was sie als rein objectives Wissen aufstellen, immer genau auf ihrer besonderen Auffassung ihrer besonderen Sprache beruht« (l. c., S. 490). Diese Verständigung unter Grundsätze zu bringen, ist Sache der Dialektik, die zwar die Idee eines zusammenstimmenden Wissens zur Voraussetzung hat, sich aber nicht länger mehr über die je

1 *Dialektik*, hg. von Ludwig Jonas (= *Sammtliche Werke*, III. Abt., Vierten Bandes zweiter Theil), Berlin 1939, S. 428 ff.

2 Ich verweise auf die in *Das individuelle Allgemeine* (Frankfurt/Main 1977, ²1985, S. 87-133) sowie in *Was ist Neostrukturalismus?* (Frankfurt/Main 1983, ²1985, S. 119f., 458 ff., 27. Vorlesung S. 541 ff.) beigebrachten und im Zusammenhang gedeuteten Belege.

3 Das Selbstbewußtsein ist »unmittelbar« und ganz »verschieden von dem reflectirten Selbstbewußtsein = Ich« (*Dialektik*, S. 429); vgl. *Glaubenslehre*, § 3,2.

4 Nachschrift der *Dialektik*-Vorlesung von 1822, hg. von Rudolf Odebrecht, Leipzig 1942, Nachdruck Darmstadt 1976, S. 290 und 295 f.

individuellen Deutungen von Sachverhalten[1], so wie sie im universellen Gesprächszusammenhang geltend gemacht werden, hinwegsetzen kann. Ihre Abhängigkeit von je individueller Deutung heißt sie, »jedem Anspruch auf Allgemeingültigkeit« zu entsagen (*HuK*, S. 422 und 424), d. h. das Methodenideal des undialogischen Objektivismus abzuweisen. Da es nie eine deutungsunabhängige Sachverhalts-Feststellung und -Formulierung geben wird, appelliert die Dialektik schließlich an die Hermeneutik, aber nicht, um von ihr eine Methode sich reichen zu lassen, sondern um den Schematismus der aus keinem Universalkonzept ableitbaren Verstehensoperationen erkenntnistheoretisch aufzuklären (*Dialektik*, S. 259-261, = *HuK* S. 410f.). Die Pointe des Rekurses auf die Hermeneutik ist eben, daß in Ermangelung eines trans-individuellen (metaphysischen) Kriteriums für die Identifikation von Einzeldingen und die Verifikation von Aussagen über Sachverhalte die individuelle Weltdeutung der Kommunikationspartner ins Spiel gebracht werden *muß* – sie aber unterbricht den hermeneutischen Schlummer des strukturalistischen Code-Modells ebenso wie den analytischen Traum von einer prästabilierten semantischen Identität der Terme, in deren Verwendung wir unsere Welt ja nicht nur aus-drücken, sondern auch aktiv (und je anders) schematisieren. Beide Modelle betrachten Äußerungen indes als Fälle, die aus einer allgemeinen (grammatischen, pragmatischen usw.) Regel abgeleitet und so fixiert werden können. Was dagegen in Schleiermachers Augen die Ordnung des Allgemeinen daran hindert, sich in einem (Hegelschen) Begriff endgültig und ein für alle Mal zusammenzufassen, zu definieren und abzuschließen, kann immer nur ein solches Element sein, dessen Natur es ist, *nicht* darin aufzugehen, Element dieser Ordnung zu sein. Man versteht seine Seinsart falsch, wenn man es mit dem *Besonderen* verwechselt, welches stets Element einer (und sei's hypothetisch-deduktiven, also künftiger Falsifikation gewärtigen) Ordnung, also Fall ist, der unter eine Regel fällt. Ein Besonderes, als durch die Regel (oder den Typ) definiert, deren/dessen Spezifikation es ist, könnte nimmermehr dieser Ordnung eine Veränderung wi-

1 Ein Sachverhalt hat die Struktur des ›Etwas-*als*-etwas‹; einer Sache dies oder jenes Prädikat zusprechen, heißt: sie als so oder so seiend zu *deuten*. Die Deutung ist keine Abbildung des Seienden, sondern ein prädikatives Ins-Werk-Setzen ihrer Wahrheit. Wahrheit steht so in einem Bezug auf Interpretation, die freilich, um dem Allgemeinheitsanspruch zu genügen, intersubjektiv einhellig sein muß.

derfahren lassen. Durch den ihm übergeordneten Allgemeinbegriff ist es vollständig bestimmt und damit beherrschbar, es ist von allen anderen Elementen – als Instantiierung des Typs, die es ist – seiner Art nach ununterschieden. Nun meint Schleiermacher, es sei analytisch einleuchtend, daß das Individuelle vom Begriff des Allgemeinen niemals als Endprodukt einer Kette methodischer Ableitungen – als »ens omnimodo determinatum« oder als »species infima« – zu erreichen sei. Individuen lassen sich aus einem Konzept (einer Struktur, einer symbolischen Ordnung, einem Kategorienapparat, dem Begriff einer möglichen Welt als reichhaltigster Klasse vollständiger Begriffe usw.) darum nicht deduzieren, weil *sie* es sind, die dem Ganzen, als dessen Elemente sie erschlossen werden, seinen Begriff allererst durch Deutung zuweisen. Anders gesagt: Die Bedeutung des Ganzen existiert nirgendwo anders als in den Bewußtseinen der Individuen, die das Universelle auf je eigentümliche Weise verinnerlichen und durch ihre Taten ans Allgemeine rückentäußern. Das hat zwei Implikationen: Erstens wird der Begriff des Universellen durch die Intervention eines Individuums von sich selbst gespalten, d. h., er verliert seine semantische Identität (eine singuläre Interpretation trennt seine vormalige von seiner künftigen Bedeutung); zweitens: es existiert der Begriff des Universellen nicht nur in einer, sondern in unkontrollierbar vielen Interpretationen: in ebenso vielen, wie es sinnmächtige Individuen in einer Kommunikationsgemeinschaft gibt. Jede dieser Interpretationen kann jede andere nur in Form einer hermeneutischen Hypothese (»Divination«) in sich aufnehmen, und jede Divination trägt einen Index methodischer Unkontrollierbarkeit, keine erreicht den Status eines objektiven, singuläre Sinnhypothesen abschüttelnden *Wissens.*

Für eine am Methodenideal der Erkenntnis*sicherung* und Sprach*beherrschung* festhaltende Theorie ist das ein notwendiger Übelstand. Man wird ihn aber nicht durch Äußerung von Mißbehagen aus der Welt schaffen, denn Schleiermacher reklamiert für ihn erkenntniskritische Gründe. Ihre Vernachlässigung führte zu einer Semantik vor der hermeneutischen Wende zurück. Diese Wende bestand in der grundsätzlichen Reflexion auf die Deutungsabhängigkeit jeder, auch der automatisierten Sinnzuweisung und der Maxime, nichts für selbstverständlich zu halten. Wir müssen uns über die Einheit unserer (in Sprache schematisierten) Welt verständigen, nicht obwohl, sondern weil wir auf kein vorab schon bestehendes und subjektunabhängig gesichertes Allgemeines zurückgreifen können. Wir sind Einzelne solcherart, daß unsere Weltdeutungen in keiner prästabilierten Harmonie (in keinem vollständig transparenten Begriff einer möglichen Welt) gründen und in keinem archimedischen Ort koinzidieren. Meine an den anderen oder die von ihm an mich gerichtete Stimme ist doch nur unter der Bedingung als die eines Anderen oder an einen Anderen erkennbar, daß sie aus meiner (oder seiner) alleinigen Regelbeherrschung *nicht* hätte erzeugt werden können. Das Code-Modell der Sprache, das die bedeutungsindifferente Übersetzbarkeit aller Aussagen aus der ›er‹- in die ›ich‹-Perspektive und umgekehrt unterstellt und die semantische Innovation durch den Typenbegriff überwacht (d. h. sanktioniert), ist so nur scheinbar intersubjektiv engagiert. Dies Modell macht die Anderheit des Anderen fiktiv: Er mag sagen, was er will: sofern seine Äußerung in nichts anderem besteht als in der Übermittlung einer *Information* oder in der Durchgabe eines konventionalisierten *Handlungsschemas* (»Ich habe Schmerzen«, »Ich mag dich«, »Ich denke, daß ...«, »Ich verspreche dir, daß ...«, »Gib dir mehr Mühe«), sofern sie vielmehr eine individuelle *Deutung* von Sachverhalten mitzuteilen unternimmt, hat der Code sie semantisch-pragmatisch immer schon vorgesehen. Ich hätte sie, unter geeigneten Umständen, ebenso formen können. Die Ersetzbarkeit unserer Sprecher-Perspektiven (wie sie die technische Rede vom *speaker-hearer* ratifiziert) nivelliert die Innovativität und die Sinnschöpfungsenergien jedes Dialogs und reduziert ihn aufs Aus-sagen des im gemeinsamen Repertoire Vorgesehenen. Weltdeutungs-, also hermeneutische Probleme sind von diesem linguistischen Paradigma schlicht nicht vorgesehen. Tugendhats Formulierung, wonach die epistemische Asymmetrie niemals semantische Auswirkungen haben *könnte* (daß unsere Äußerungen »eine verschiedene Bedeutung haben, ist aber ausgeschlossen durch die veritative Symmetrie dieser Sätze« [*SuS*, S. 89]), zeigt die Verhärtung eines Postulats zu einem konstitutiven Prinzip. Sie ist das Resultat einer μετάβασις εἰς ἄλλο γένος, keine notwendige Konsequenz aus einer auf Intersubjektivität blickenden semantischen Besinnung.

Was gewinnen wir durch diesen Rekurs auf Schleiermacher? Zunächst die Rückversicherung durch einen Gewährsmann, der Individualität als eine Eigenschaft nicht von physischen Einzeldingen, sondern von selbstbewußten Wesen begreift. Der Prädikator ›selbstbewußt‹ dient ihm aber nicht als epistemologische Ausflucht angesichts sprachphilosophischer Konsequenzen. Individuen sind selbstbewußt in dem Sinne, daß sie ihre Welt im Lichte von Deutungen erschließen, und Deutungen werden als *Be*deutungen (von Wörtern wie von Sätzen) faßbar. Damit ist Individualität nicht aus dem Sprachbezug herausgenommen. Im Gegenteil ist Miteinander-Sprechen auf Weltdeutung angelegt, und deutungsmächtig sind nur Individuen. Kein Wort besitzt den Sinn, unter dem es erschlossen ist, aus sich selbst; es verdankt ihn einer Deutungsinitiative, deren Autor – in letzter Instanz – immer ein Einzelsubjekt sein wird. Zugleich ist der »Abstieg vom Ich zum ›ich‹« als wohl fundiert mitvollzogen: das sich auf der Basis einer von anderen Individuen bereits gedeuteten Welt auf seinen Sinn entwerfende Einzelsubjekt ist nie *das* Subjekt-überhaupt, sondern dieses selbstbewußte Einzelwesen in dieser singulären (auch semantisch singulären) Situation. Der ihm dadurch zugewiesene Index von Einzigartigkeit entzieht es aber zugleich dem epistemologischen Rahmen einer rücksichtslos idealisierten Semantik der Personalität. Es hat eine Identität weder durch körperliche Eigenschaften (die als Naturgegebenheiten a priori gar nicht semantisiert sind und den *Sinn,* unter denen sie sich einer Sprachgemeinschaft intersubjektiv erschließen, erst aus individuellen Deutungen erwerben, diese dann aber nicht umgekehrt konditionieren können), noch durch die Stabilität der Bedeutung der Prädikate, die ihm (dem Individuum) zu verschiedenen Zeiten zugesprochen werden (auch sie modifizieren sich schritthaltend mit dem kontinuierlich sich transformierenden Weltdeutungssystem des Individuums). Während die strukturalistische ebenso wie die analytische Sprachphilosophie von der These der gleichsinnigen und gleichförmigen Wiederholbarkeit von Sprachzeichen ausgeht, hält die (Schleiermachersche) Hermeneutik das Individuelle für im eigentlichen Sinne un*teil*bar und mithin un*mit*teilbar (»unsharable« sagen die Angelsachsen, beide Bedeutungen zusammengreifend). Nicht im Sinne des klassischen Atommodells als Unspaltbarkeit einer infinitesimal kleinen Substanz, die, wie Hegels »Sein«, »nur« zu sich selbst Beziehungen unterhielte; sondern als dasjenige, das ohne inneres Doppel und also unbezüglich existiert, das folglich im Wortsinne seinesgleichen nicht hat und *mithin dem Kriterium der gleichsinnigen Wie-*

derholbarkeit entgleitet. Eine individuelle Äußerung formulieren und sie im Akt des Verstehens (z. B. der Lektüre) reproduzieren (also: wiedererschaffen), bedeutet alsdann *nicht* (und das scheint mir ausschlaggebend): *dieselbe sprachliche Kette noch einmal, und zwar gleichsinnig artikulieren,* sondern: *eine andere Artikulation derselben sprachlichen Kette vornehmen.*

So ist das Einzelne oder das Individuelle gerade kein Einheitsprinzip; was immer ›Individualität‹ sonst noch meinen mag, sie ist jedenfalls als der direkte Widersacher des Gedankens der Einheit und Abgeschlossenheit der Struktur (und der Identität der von ihr zu einem Ganzen ausdifferenzierten Ausdrücke mit sich) zu denken. Für Schleiermacher ist's grundsätzlich und immer das Individuum, durch dessen Intervention die Struktur (bzw. die von ihr in ihrer Selbstidentität gesicherten Zeichen) am Zusammenfallen mit sich selbst verhindert wird. Mit sich zusammenfallen hieße: präsent sein. Nun kann eine Struktur oder ein Zeichen niemals mit sich selbst zusammenfallen, weil erstens der Gedanke der Unterschiedenheit der Zeichen den der Zeit, und zweitens jeder Zeichengebrauch den der Wiederholbarkeit (seine Ungleichzeitigkeit) voraussetzen (dazu ausführlich die 27. Vorlesung von *Was ist Neostrukturalismus?*). Die Zeit ist erfordert (wie schon Hegel im Zusatz zum § 462 seiner Berliner *Enzyklopädie* gezeigt hat), um einen Ton in die Vergangenheit absinken zu lassen und damit dem nachfolgenden zu erlauben, sich in seiner (phonischen) Verschiedenheit gegenüber dem jüngst verflossenen zu artikulieren. Das gilt entsprechend für die Verkettung der Zeichen. Durch ihr Untersinken in der Zeit wird ihr *Sinn* entbunden: das Verschwinden des Wortkörpers in der Vergangenheit läßt, indem es einem zweiten (erneut verhallenden) Raum gibt, zugleich das Ideelle – die Bedeutung des Zeichens – erscheinen.

Die Einlösung des Sinns eines Zeichens ist nicht mechanisch zu denken. Eben weil es (oder der es vermittelnde Ton) verhallt ist, ist es uns nicht (mehr) gegenwärtig. Den Verlust seiner Präsenz muß das »*reproduzierende* Gedächtnis« ersetzen. Es »erkennt im Namen die Sache«, und zwar nicht direkt (denn sowohl der Name wie die von ihm bezeichnete Sache sind vergangen), sondern nur vermittels einer hermeneutischen Hypothese, die wiederholte Vorkommnisse akustisch/graphisch unterschiedener Lautungen *kraft Interpretation* – und nur durch sie – als Anlässe zur Assoziation desselben Sinns ergreift. Diese Identität ist also keine solche der zeitlosen Koinzidenz und auch keine solche der Wahrnehmung, sondern ein Artefakt im Wortsinne: ein über den Abgrund der zeitlichen Entgegenwärtigung unkontrollierbar (und vielleicht in veränderter Identität) Wiederhergestelltes.

Damit hängt eng der zweite Gesichtspunkt zusammen. Um Element einer Struktur zu sein, muß jedes Zeichen wiederholbar sein. Um ein zweites Mal artikuliert zu werden, muß die Struktur zunächst gleichsam aus sich heraustreten, um jenseits ihrer (Ent-) Äußerung neu zusammengesetzt zu werden. So zersetzt sich das Trugbild einer zeitlosen Identität der Grammatik. Da Identität von Zeichen selbst schon auf Deutung (auf *verstehender* Rückidentifizierung zweier phonisch stets leicht differierender Schälle *als* desselben wiederkehrenden Signifikanten) beruht, kann unmöglich die Struktur als sinndeterminierend hingestellt werden: Einzelsinn kann nie apriori aus Regelkenntnis konstruiert werden (*HuK*, S. 172 im Zusammenhang). Eine Leistung des Individuums ist ja, die hypothetische Identität der Zeichen – die immer unter einem Index des Vergangenseins zu denken ist: ›so wurde *bislang* gesprochen‹ – *durch* den Akt der Realisierung ihres Sinns (der immer eine Entgegenwärtigung des Zeichenträgers zur Voraussetzung hat) in die Schwebe zu bringen. Die Struktur kann die Kontinuität zwischen der ihr eingeschriebenen und im Akt des Sprachgebrauchs immer schon vergangenen (also nur hypothetisch geltenden) Bedeutung mit der im individuellen Gebrauch (neu-)erworbenen nicht garantieren. Dieser vom Individuum erzeugte Mangel eines Kriteriums für die semantische Identifikation verweist jede Sinnzuweisung auf den unendlichen (da unabsehbar offenen, stets nur aus pragmatischen Motiven vorübergehend entschiedenen) Weg der Hermeneutik. Über die Einheit eines Zeichens, eines Satzes, eines Textes, einer symbolisch interagierenden Kultur ist nie definitiv zu urteilen. Denn diese Einheit bildet sich stets neu im Gebrauch/im Verständnis. Ihr eine semantisch-strukturelle Identität zuzusprechen, ist eine szientistische Fiktion, inspiriert vom Traum einer zum Stillstand gebrachten Zeitigung, die die Bedeutungen, durch deren Austausch Individuen das instabile Bild ihrer Welt erzeugen, endgültig durch Kältetod fixiert.

Die romantische Hermeutik hat die – aus der Zeitstruktur der Artikulation einerseits, des zukunftsoffenen Sinnentwurfs andererseits folgende – Nichtidentität der Zeichen, aber auch des in ihrem Lichte *sich selbst* deutenden Subjekts, sehr ernst genommen. Man kann, sagt z. B. August Boeckh, »nie dasselbe noch einmal produciren«, und dies Gleiten der Identität des Zeichen-Sinns macht auch nicht halt vor der Identität des Zeichenbenutzers: »Der Mensch ist in keinem Moment derselbe« (*Enzyklopädie und Methodologie der philologischen Wissenschaften,* hg. von E. Bratuschek, Darmstadt 1966, S. 126). »Man kann die Individualität nicht etwa durch Classification finden (...); die Individualität (...) ist etwas durchaus Lebendiges, Concretes, Positives, wogegen (jedes) Schema nur negativ, d. h. allgemeine Abstraction aus der Individualität selbst (ist)« (l. c., S. 127). W. v. Humboldt, um einen dritten Repräsentanten des romantischen Paradigmas ins Spiel zu bringen, hatte zur Erklärung der Nicht-Identität der Sprachzeichen folgenden Vorschlag gemacht: In jeder sprachlichen Verständigungssituation prallen zwei verschiedene Vorstellungs*weisen* aufeinander, von denen nur der relativ konventionelle Teil zur Deckung kommt, während der »individuellere überragt«. Ein völliges Zusammenfallen »in einem untheilbaren Punkte« kann es nicht geben, denn jede zeichen- oder textvermittelte Verständigung liefert eine unbeständige Vereinigung des Allgemeinen mit einer individuellen *Sicht* des Allgemeinen, die nicht abermals allgemein sein könnte (*Gesammelte Schriften,* hg. von A. Leitzmann, 17 Bde., Darmstadt 1968, Bd. V, S. 418). Darum ist jede Artikulation ebenso wie jedes Verständnis nicht nur re-produktiv (d. h. eine starre Konvention wieder-holend), sondern auf systematisch unkontrollierbare Weise schöpferisch. Immer rüttelt die *individuelle Sinnzuweisung* an der Zeichensynthese, die Wortsubstrat und Sinn verfugt, immer verschiebt sie die geltenden Grenzen der semantischen Normalität. Darum hat die Entscheidung über den ›wahren Sinn‹ einer Äußerung grundsätzlich nur *vermutenden* Charakter, und ihr Gelingen oder Mißlingen wird nie an objektiven, sondern stets nur an pragmatischen, an innerdialogischen Kriterien bemessen.

Damit ist nun der Gedanke semantischer (und über sie vermittelt: personaler) Identität nicht einfach aus der Welt geschafft, wie es in überstürzten Konklusionen der Derridaschen Sprach- und Subjekttheorie scheinen könnte. Deren Motive sind die Gedanken, daß erstens Beziehung auf subjektive (mentale) Phänomene nur zeichenvermittelt geschehen kann (Saussure sprach davon, daß der Geist vor seiner Artikulation durch die »chaîne phonatoire« einer »nebuleuse amorphe« gleiche) und daß zweitens die Bezug nehmenden Zeichen niemals präzise identifizierende Funktion ausüben können. Den zweiten Satz begründet Derrida durch eine radikalisierende Überbietung von Saussures Differentialitäts-Prinzip, demzufolge jedes Zeichen seine Identität durch Ausgrenzung seines Zeichenkörpers von dem aller anderen vermittelt. Die Bedeutung des Zeichens *a* wäre also vermittelt durch Relationen des Andersseins-als gegenüber den Zeichen *b, c, d, e, f* usw. Nun gibt es keinen zwingenden Grund anzunehmen, daß die Kette der negativ vom ersten Zeichen fernzuhaltenden Oppositionsterme endlich wäre. Mithin sind die Grenzen der semantischen Identität eines Terms Funktionen eines offenen Systems permanenter Neudifferenzierungen ohne mögliche Präsenz eines Terms mit sich selbst.[1]

Der Vorzug des Derridaschen Modells ist, daß es Individualität als radikale Nicht-Identität zu denken gestattet, obwohl Derrida den Term vermeidet oder mit dem der Subjektivität umstandslos gleichsetzt. Dagegen ermöglicht sein Modell nicht, Individualität als selbstbewußt und mithin als sinnbezogen zu denken. Das hängt damit zusammen, daß es Subjektivität – keineswegs unähnlich dem analytischen Reduktionismus – vor die Alternative stellt, entweder sinnvoll (semantisierbar) zu sein und alsdann von der ihr entsprechenden Zeichenartikulation abzuhängen, oder in der Sinnlosigkeit zu verschwinden (reductio ad absurdum). Nun *ist* Subjektivität, also ist sie ein Epiphänomen der Zeichenartikulation.

Nun muß man, selbst wenn man die Zeichenabhängigkeit des Sinns zugibt, bestreiten, daß Derrida den Satz, Subjektivität *sei*, im Rahmen seines Modells aufrechterhalten könnte. Erstens darum, weil man bei ihm so wenig wie im Neutralen Monismus sieht, wie Subjektivität aus dem reinen Verweisungsspiel differentieller »marques« entspringen könnte, wenn sie nicht als etwas darauf Irreduzibles immer schon vorausgesetzt worden wäre (vgl. *Was ist Neostrukturalismus?* 18. Vorlesung). Zweitens aber darum, weil sein Angriff auf den Gedanken des präsenten Selbstbezugs so radikal ist, daß minimale Bedingungen des Phänomens unserer Selbstvertrautheit durch ihn nicht mehr erklärt werden. – Diese

1 Ich habe Derridas Überlegung, außer in *Was ist Neostrukturalismus?* (5. und 27. Vorlesung), ausführlich diskutiert in *Plurivocité et dis-simultanéité. Questions herméneutiques pour une théorie du texte littéraire*, in: *Revue internationale de philosophie* 38e année, n° 151 (1984), S. 422-443.

Attacke auf die Idee der Präsenz ist aber nicht nur radikal, sie ist absurd. Ohne den Rückgang auf ein Moment relativer Sich-selbst-Gleichheit wäre Differenzierung (Sinnverschiebung, metaphorische Bedeutungs-Neueinschreibung) gar nicht feststellbar, sie wäre kriterienlos und vom Zustand der völligen Beharrung ununterscheidbar. Differenziert werden können nur Terme, die wenigstens hinsichtlich eines Bedeutungsmoments übereinkommen, so wie nur Terme identifiziert werden können, die voneinander sich unterscheiden. Fichte hatte das, in der Nachfolge von Salomon Maimons *Versuch über die Transcendentalphilosophie*, wie folgt ausgedrückt: »Jedes Entgegengesetzte ist seinem Entgegengesetzten in einem Merkmale = X gleich; und: jedes Gleiche ist seinem Gleichen in einem Merkmale = X entgegengesetzt« (*WW*, hg. I. H. Fichte, I, S. 111). Ein solches Merkmal (X) heiße Grund, im ersten Falle ihr Beziehungs-, im zweiten ihr Unterscheidungsgrund. Beide implizieren sich wechselseitig. Das läßt sich unschwer zeigen: Wenn ich A B entgegensetze, muß A wenigstens teilweise aufrechterhalten bleiben, sonst fehlte B sein Oppositionsterm, und die Entgegensetzung fände nicht statt. A wird also nur zum Teil durch B aufgehoben und bleibt zum Teil erhalten. X ist Symbol für die Sphäre, in die A und B sich teilen müssen, um überhaupt in Gegensatz zueinander treten zu können. – Das entsprechende gilt für die Identität zwischen A und B. Wer aussagt ›A ist B‹, meint damit nicht, daß A, *insofern* es A ist, gleichzeitig auch Nicht-A (also B) wäre und daß umgekehrt B (*als* B) zugleich Nicht-B (also A) wäre. Das wäre eine Absurdität, denn in diesem Falle hätte ich zwei Tautologien formuliert, aber keine Identifikation zweier semantisch verschiedener Relate vorgenommen. Wenn also die semantische Distinktion von A und B die notwendige Bedingung dafür ist, daß sich zwischen ihnen eine Identitätsrelation herstellen läßt, ist bewiesen, daß Identifikation vorgängige Nicht-Selbigkeit der verglichenen Terme voraussetzt. Statt der Formel ›A = B‹ wäre es sinnvoll zu schreiben: es gibt ein X, und von X gilt, daß es einerseits A und andererseits B ist. Dies X ist »Grund« beider. Die eigentliche Identifikation findet also zwischen X und X statt, und nur kraft ihrer kommen A und B, die an sich differieren, auch untereinander überein.[1]

1 Schelling hat diese Überlegung vielleicht noch eindringender als Fichte entwickelt in seinen Entwürfen zu den *Weltaltern* (*SW* I/8, S. 213-218; ebenso in den zwei Fragmenten von 1811 und 1813, hg. von Manfred Schröter, München 1946, S. 28 und 127ff., bes. 129).

Ich denke, daß Schleiermachers Hermeneutik zwischen dem absurd radikalen Angriff auf den Gedanken der semantischen Identität und der zu radikalen Reduktion von semantischer Differenz auf eine als absolut angenommene Einheitssphäre einen mittleren Kurs steuert. Er scheint mir, mutatis mutandis, versöhnbar mit dem Konzept einer psychologischen Kontinuität, wie ihn Sidney Shoemakers schon zitierter Aufsatz über *Personal Identity. A Materialist's Account* entwickelt. Während indessen der funktional-materialistische Ansatz zu einer Identifikation von (mentalen) Gründen und (physischen) Ursachen zwingt, möchte ich mir die Konstitution selbstbewußter Individualität als eine Folge kontinuierlicher Transformationen von Zuständen verständlich machen, die einer Person zu einem Zeitpunkt »kopersonal« waren.[1] Diese Transformation geschieht nicht grundlos (ist also mit einer kausalen Erklärung vereinbar), doch sind die Gründe hier keine Wirkursachen, sondern Motive. Ich verstehe unter einem Motiv einen Grund solcherart, daß er nur im Lichte einer ihn als Grund erschließenden vorgängigen Interpretation meine Handlung bestimmen könnte.[2] Nezessitiert (durch physische Ursachen ausgelöst) wäre ein Ereignis, das aufgrund gegebener empirischer Konstellationen unmöglich nicht eintreten könnte. Dagegen ist motiviert ein Übergang zwischen zwei Zuständen von Kopersonalität (oder zwischen zwei »états de la langue«), wenn er an einen Grund sich nur anschließt, sofern er ihn zuvor im Lichte einer Interpretation *als* solchen gesetzt hat. Motiviert sind also Konsequenzen, die nicht blind nezessitiert werden, sondern sich zu ihrem Anlaß (frei) verhalten. In diesem Sinn ist die semantische Transformation eines Zeichens motiviert: Da der Sinn des ihr zuvorbestehenden Zeichens selbst nur kraft eines hypothetischen Urteils bestand (*an sich*, in seiner baren Naturalität, hat es ja keine signifikanten Qualitäten), kann die Sinneinheit dieses Zeichens einen zweiten Gebrauch dieses Zeichens nicht determinieren. Wohl aber kann sie ihn motivieren, in dem Sinn,

1 Ich übernehme den Ausdruck von Russell (*The Philosophy of Logical Atomism,* in: *Logic and Knowledge,* London 1956, S. 277), wo er das Gesamt von Erfahrungen und anderen mentalen Zuständen bezeichnet, die einer Person zu einer Zeit zukommen.

2 Dies ist umständlicher ausgeführt in *Das individuelle Allgemeine,* S. 322ff. (anschließend an Schleiermacher und Sartre) und, anschließend an Peirces Polemik gegen den »necessarianism«, in *Was ist Neostrukturalismus?,* S. 550ff.

daß eine folgende semantische Hypothese über die Bedeutung des zuvorbestehenden Zeichens zwar von derselben nicht kausal bestimmt *wird, sich* aber von ihr im Rahmen einer hermeneutischen Selbstüberschreitung auf einen zukünftigen Sinn hin bestimmen *läßt.* Auch dann gibt es kein letztes Kriterium für die *objektive* Identität der Bedeutung des Ausdrucks *a* zum Zeitpunkt t^1 und derjenigen desselben Ausdrucks zum Zeitpunkt t^2; denn diese Identität, als auf Deutung, nicht auf Perzeption beruhend, kann selbst nur konjektural sein und bedarf der Übernahme der zugrunde liegenden Interpretation durch andere Individuen der Kommunikationsgemeinschaft. Auf diese Weise würde zwischen zwei Stadien des Selbstverständnisses eines Individuums oder zwischen zwei einander folgenden Interpretationen eines Zeichens eine *Kontinuität* sich einspielen. Diese Kontinuität – die keine Kontinuität im evolutionären Sinne, sondern eine solche von einander motivierenden hypothetischen Urteilen wäre – könnte Derridas aporetische Rede von einer ›restance non-présente d'une marque différentielle‹[1] wenigstens verständlich machen: Eine Bleibe gäbe es, insofern ein und derselbe Ausdrucksträger (über dessen Selbigkeit, da er nur im Zeitfluß sich distinguiert, freilich je und je hermeneutisch-hypothetisch befunden werden muß) nacheinander vielen Sinneinschreibungen offenstünde. ›Nicht-gegenwärtig‹ wäre die Kette, indem keine Einschreibung sich in der ihr (zeitlich) folgenden sinngleich und gleichförmig fortsetzen muß, derart, daß die Selbstgegenwärtigkeit ihres Bedeutens eine von keiner Differenz getrübte instantane Einheit bildete.

Umgekehrt ist aber der absurde Gedanke abgewiesen, daß ein Zeichen (oder das zeichenvermittelte Selbstverständnis, in dem ein Individuum während einer Zeit sich hält) jede beliebige (d. h. keine) Bedeutung hätte. Zwischen je zwei hermeneutischen Neuzueignungen eines tradierten Sinnzusammenhangs besteht Kontinuität in dem Sinne, daß der folgende Zustand aus dem vorangehenden zwar nicht durch Kausation, wohl aber durch Motivation verstehend hergeleitet werden kann. Die ›persönliche Identität‹ einer individuellen Lebensgeschichte ist keine solche (oder reduziert sich nicht auf eine solche) von lückenlos verzahnten objektiven Tatsachen; sie ist eine der kontinuierlichen Selbstdeutung, in

1 Jacques Derrida, *Limited Inc a, b, c...*, Abschn. o.

deren Licht jene vermeintlich objektiven Tatsachen die Qualität, diese oder jene zu sein, allererst erwerben. Ein Transformationsauslöser, der seine Wirksamkeit erst kraft einer ihn als Grund anerkennenden Interpretation (z. B. einer Finalidee) entfaltet, kann nicht als Ursache dieser Transformation begriffen werden. Mehr noch: Auch physische Ursachen sind, wie Peirce gezeigt hat, in letzter Instanz Gründe in dem Sinne, daß die Seinsweise des Physischen nicht durch Wahrnehmungen, sondern durch »perceptual *judgments*«, und mithin durch *Interpretationen*, als das, was sie ist, erschlossen wird: Auch die Gesetze der Mechanik sind nichts als motivierte Schlußfolgerungen am Leitfaden von Wahrnehmungsurteilen, deren hypothetischer und hermeneutischer Charakter niemals zu überwinden ist und auch nicht überwunden werden soll, weil mit ihm die Verständlichkeit eben der Welt, in welcher wir mechanische Gesetzmäßigkeiten am Werke sehen, verschwinden würde.

Ich folgere aus diesen Beobachtungen, daß der Rekurs auf die Kategorie der Individualität in der semantischen Diskussion um Selbst und Person nicht hätte aufgegeben werden dürfen. Denn Individualität ist eine Instanz, und sie scheint die einzige zu sein, die der rigorosen Idealisierung des Zeichensinns zu einem instantanen und identischen Widerstand entgegenbringt (also eben das leistet, was Derrida der »différance« zutraut). Andererseits hat allein sie den Vorteil, als *selbstbewußt* gesichert zu sein, also Motivationen und hypothetische Urteile, wie es Interpretationen sind, letztlich überhaupt all jene Prozesse verständlich zu machen, in denen die Kategorie ›Sinn‹ notwendig, d. h. in unersetzbarer Weise, auftaucht. Zugleich erklärt sich die Unableitbarkeit individueller Sinnentwürfe aus semantisch-pragmatischen Typen. Ableitungsverhältnisse bestehen nur zwischen Gleichartigem: einer Regel oder einem Konzept und einem Fall oder einer Instantiierung, durch welche jene ersteren sich spezifizieren. Wird hingegen durch einen individuellen Sinnentwurf die Extension des zugrunde liegenden Typs neu festgesetzt, so ist analytisch klar, daß der Sinnentwurf durch Beherrschung der Semantik der Ausgangsposition nicht vorherzusehen ist. Das gilt auch für individuelle Sinnentwürfe im Rahmen einer Lebensgeschichte. Jeder Entwurf ist zweifellos durch ein »stage of person« motiviert.[1] Da

1 Vgl. Sidney Shoemaker, *Personal Identity*, l. c., S. 74 im Kontext.

Motivation jedoch Interpretation und Interpretation Freiheit voraussetzt, ist der Entwurf aus dem kausal nicht abzuleiten, was an Eigenschaften dem überschrittenen biographischen Stadium »copersonal« war. So scheint die Frage nach der Identität der Person »over time« – der Kontinuität ihres bewußten Lebens – auf eine Hermeneutik ihres Selbstverständnisses zu verweisen, deren Umrisse nur eben angedeutet sind und deren konkrete Ausarbeitung das Werk zukünftiger Anstrengungen bleibt. Sie scheinen von einer Mächtigkeit, daß ich zum Schluß in der Versuchung stehe, das von Hume angerufene »Privileg des Skeptikers« noch einmal in Anspruch zu nehmen und zu gestehen »that this difficulty is too hard for my understanding«.[1]

1 David Hume, *A Treatise of Human Nature*, l. c., S. 636.

edition suhrkamp. Neue Folge

198 Franz Böni, Der Johanniterlauf
199 Ngũgĩ wa Thiong'o, Der gekreuzigte Teufel
200 Walter Benjamin, Das Passagen-Werk. Hg. v. Rolf Tiedemann. Zwei Bände
201 Jugend und Kriminalität. Hg. v. Horst Schüler-Springorum
202 Friederike Mayröcker, Magische Blätter
203 Manfred Frank, Was ist Neostrukturalismus?
204 Chie Nakane, Die Struktur der japanischen Gesellschaft
205 Marguerite Duras, Sommer 1980
206 Roland Barthes, Michelet
207 Julius Posener, Geschichte der Architektur im 20. Jahrhundert
208 Grace Paley, Veränderungen in letzter Minute
209 Kindheit in Europa. Hg. v. Heinz Hengst
210 Stanley J. Stein/Barbara H. Stein, Das koloniale Erbe Lateinamerikas
211 Naturplan und Verfallskritik. Zu Begriff und Geschichte der Kultur. Hg. v. Helmut Brackert u. Fritz Wefelmeyer
212 Arbeitslosigkeit in der Arbeitsgesellschaft. Hg. v. Wolfgang Bonß u. Rolf G. Heinze
213 Tzvetan Todorov, Die Eroberung Amerikas
214 Ziviler Ungehorsam im Rechtsstaat. Hg. v. Peter Glotz
215 Peter Weiss, Der neue Prozeß
216 Ein Jahrhundert geht zu Ende. Hg. v. Karl Dedecius
217 Luise F. Pusch, Das Deutsche als Männersprache
218 Alfred Sohn-Rethel, Soziologische Theorie der Erkenntnis
219 Randzonen. Interviews – Kurzgeschichten. Hg. von Judith Ammann
220 Claude Lévi-Strauss / Jean-Pierre Vernant u. a., Mythos ohne Illusion
221 Christiaan L. Hart Nibbrig, Der Aufstand der Sinne im Käfig des Textes
222 V-Leute – Die Falle im Rechtsstaat. Hg. v. Klaus Lüderssen
223 Tilman Moser, Eine fast normale Familie
224 Juan Goytisolo, Dissidenten
225 Alice Schwarzer, Lohn: Liebe. Zum Wert der Frauenarbeit
226 Paul Veyne, Glaubten die Griechen an ihre Mythen?
227 Thank you good night. Hg. v. Bodo Morshäuser

228 »Hauptsache, ich habe meine Arbeit«. Hg. v. Rainer Zoll
229 »Mit uns zieht die neue Zeit«. Hg. v. Thomas Koebner
230 Gregorio Condori Mamani, »Sie wollen nur, daß man ihnen dient ...«
231 Paul Feyerabend, Wissenschaft als Kunst
232 Meret Oppenheim, Husch, husch der schönste Vokal entleert sich. Hg. v. Christiane Meyer-Thoss
233 Politik der Armut. Hg. von Stephan Leibfried u. Florian Tennstedt
234 Die Ökologie des Körpers. Hg. v. R. Erben, P. Franzkowiak, E. Wenzel
235 Die wilde Seele. Hg. von Hans Peter Duerr
236 Ignácio de Loyola Brandão, Kein Land wie dieses
237 Gerold Foidl, Scheinbare Nähe
238 Kriegsursachen. Red. Reiner Steinweg
239 Reform und Resignation. Gespräche über Franz L. Neumann. Hg. v. Rainer Erd
240 Tim Guldimann, Moral und Herrschaft in der Sowjetunion
241 Werner Abelshauser, Wirtschaftsgeschichte der Bundesrepublik Deutschland 1945–1980
242 Dirk Blasius, Geschichte der politischen Kriminalität in Deutschland 1800–1980
243 Kurt Kluxen, Geschichte und Problematik des Parlamentarismus
244 Peter Marschalck, Bevölkerungsgeschichte Deutschlands im 19. und 20. Jahrhundert
245 Wolfgang Wippermann, Europäischer Faschismus im Vergleich 1922–1982
246 Michael Geyer, Deutsche Rüstungspolitik 1860–1980
247 Volker Hentschel, Geschichte der deutschen Sozialpolitik 1880–1980
248 Detlef Lehnert, Sozialdemokratie zwischen Protestbewegung und Regierungspartei 1848–1983
249 Jürgen Reulecke, Geschichte der Urbanisierung in Deutschland
250 Peter Alter, Nationalismus
251 Margret Kraul, Das deutsche Gymnasium 1780–1980
252 Manfred Botzenhart, Reform, Restauration, Krise. Deutschland 1789–1848
253 Jens Flemming, Deutscher Konservatismus 1780–1980
254 Hans-Ulrich Wehler, Grundzüge der amerikanischen Außenpolitik 1750–1900

255 Heide Wunder, Bäuerliche Gesellschaft in Deutschland 1524–1789
256 Albert Wirz, Sklaverei und kapitalistisches Weltsystem
257 Helmut Berding, Antisemitismus in Deutschland 1870–1980
258 Konrad H. Jarausch, Deutsche Studenten 1800–1970
259 Josef Mooser, Arbeiterleben in Deutschland 1900–1970
260 Dietrich Staritz, Geschichte der DDR 1949–1984
261 Gilbert Ziebura, Weltwirtschaft und Weltpolitik 1922/24–1931
262 Ulrich Kluge, Die Deutsche Revolution 1918/1919
263 Horst Dippel, Die Amerikanische Revolution 1763–1787
264 Karl-Egon Lönne, Politischer Katholizismus
265 Volker R. Berghahn, Unternehmer und Politik in der Bundesrepublik
266 Wolfram Siemann, Die Revolution 1848/49 in Deutschland
267 Dietrich Thränhardt, Geschichte der Bundesrepublik 1949–1984
268 Peter Christian Witt, Die deutsche Inflation 1914–1924
269 Horst Möller, Deutsche Aufklärung 1740–1815
270 Gotthard Jasper, Von der Auflösung der Weimarer Republik zum NS-Regime
271 Klaus J. Bade, Europäischer Imperialismus im Vergleich
272 Dieter Grimm, Deutsche Verfassungsgeschichte 1803–1980
273 Hanna Schissler, Geschichte des preußischen Junkertums
274 Jürgen von Kruedener, Deutsche Finanzpolitik 1871–1980
275 Rüdiger vom Bruch, Deutsche Universitäten 1734–1980
276 Reinhard Sieder, Geschichte der Familie
277 Heinz-Günther Reif, Sozialgeschichte des deutschen Adels
278 Michael Mitterauer, Sozialgeschichte der Jugend
279 Hans-Christoph Schröder, Die Englische Revolution 1640–1688
280 Ernst Hinrichs, Die Französische Revolution 1789
281 Bernd Wunder, Geschichte der deutschen Bürokratie
282 Wolfgang Hardtwig, Vereinswesen in Deutschland 1780–1980
283 Hans-Peter Ullmann, Wirtschaftliche und politische Interessenverbände in Deutschland 1870–1980
284 Ute Frevert, Geschichte der deutschen Frauenbewegung
285 Hartmut Kaelble, Europäische Sozialgeschichte 1880–1980
286 Dieter Langewiesche, Deutscher Liberalismus
287 Klaus Schönhoven, Deutsche Gewerkschaften 1860–1980
288 Martin Greschat, Politischer Protestantismus

290 Octavio Paz, Zwiesprache
291 Franz Xaver Kroetz, Furcht und Hoffnung der BRD
292 Wolfgang Hildesheimer, The Jewishness of Mr. Bloom/ Das Jüdische an Mr. Bloom. Engl./Dt.
293 György Konrád, Antipolitik
294 Alexander Kluge, Neue Geschichten
295 Reto Hänny, Ruch
296 Atomkriegsfolgen. Der Bericht des »Office of Technology Assessment«
297 Peter Sloterdijks »Kritik der zynischen Vernunft«
298 Die Selbstbehauptung Europas. Hg. von Willy Brandt
299 Konrad Wünsche, Der Volksschullehrer Ludwig Wittgenstein
300 edition suhrkamp. Ein Lesebuch

edition suhrkamp. Neue Folge